Merger and Acquisition

## 成功する！
# M&Aのゴールデンルール

### 中小企業のための戦略と基礎知識

弁護士 **奥山倫行**［著］

発行　民事法研究会

# はじめに
## 中小企業における M&A の実践

　私の弁護士としての業務の中心は企業法務です。社歴の長い会社から社歴の浅い会社まで、日々、さまざまな業種・業態のクライアントからご相談をいただいています。そのような業務のここ数年の傾向の1つに「M&A に関する相談をいただく機会が増えてきた」ことがあげられます。

　私は、弁護士登録してから最初の5年間は、大企業の案件や国際的な取引に関するリーガルサービスを提供する東京の大手渉外法律事務所に勤務していました。そこでは、大企業が当事者だったり、大規模な事業の譲渡だったり、比較的規模の大きな M&A 案件を担当させていただく機会がありました。その後、故郷である札幌に戻って現在の法律事務所を開設しましたが、そこでは、中小企業や個人事業者が当事者だったり、小規模な事業の譲渡だったり、比較的規模の小さな M&A 案件を数多く担当させていただいています。成長気流に乗っている企業の事業戦略や経営戦略に関するアドバイザーとして関与したり、成熟期にある企業の事業承継に関する相談に関与したり、衰退期にある企業の事業再生や経営再建に関する相談に関与したり、私が関与させていただく場面もさまざまです。

　このように、日々、M&A に関する相談を受けている中で感じてきたことがあります。それは、経営者や事業者の中で、しっかりと M&A の内情を理解している方が非常に少ないということです。なぜこのような状態になっているのかを考えると、多くの経営者や事業者の方にとっては M&A に当事者として関与することが初めてだったり、M&A に関して公表されている情報も大企業や国際的な M&A にかかわるものが多く、中小企業や個人事業者が当事者となる M&A についての情報はほとんど公表されていなかったり、伝わってくる限られた情報も、M&A をして失敗したとか、M&A をして後悔しているといったネガティブなものばかりであることが原因ではな

## はじめに

いかと思います。

　また、私が日々対応しているM&Aに関する業務の中には、M&Aにかかわる紛争や、M&Aによって関係者の誰もが悲惨な状態に陥るような不幸な例もたくさんあります。そして、そのような状況になる原因は、M&Aに対する誤解や理解不足が原因であるように感じています。

　M&Aへの誤解や不安を取り除き、また、M&Aにおける正しい心掛けと正しい知識のもとに取り組んでいくことで、このような、M&A絡みのトラブルや紛争を少なくすることができると思いますし、企業の成長戦略、経営戦略上ももっと身近なかつ強力な手法としてM&Aを活用していくことができると思います。

　本書で紹介する内容が、1人でも多くの経営者や事業者にとって、今後の効果的な経営戦略を導き出す一助になることを願っています。

　平成27年11月吉日

弁護士　奥　山　倫　行

[図] M&Aの誤解と不安を取り除く

【誤解や不安の原因】
① 経験がない
② 情報が少なく偏っている
③ 失敗事例をよく耳にする

【本書の構成】
第1章で　M&Aにおける誤解を取り除く
第2章で　M&Aにおける不安を取り除く
第3章で　M&Aの手法を正しく理解する

目 次

『成功する！ M&A のゴールデンルール』

# 目　　　次

# 第1章　M&A における誤解

**Introduction**······················································································2
1　当事者の誤解　**M&A は合併と買収？**·············································3
　　［図1－1－1］　M&A とは？·······················································4
2　当事者の誤解　**M&A は本当に必要なのか？**·································5
　(1)　国内に目を向けてみたら？······················································6
　　　［図1－2－1］　国内環境の変化と M&A······································9
　(2)　海外に目を向けてみたら？······················································9
　　　［図1－2－2］　FTAAP（アジア太平洋自由貿易圏構想）···············10
　(3)　これからの M&A·································································11
3　当事者の誤解　**M&A は大企業だけのもの？**·······························12
　(1)　M&A は大企業だけのものではない········································12
　　　［図1－3－1］　M&A に関連する法律······································13
　(2)　中小企業こそ M&A の積極的な活用を····································14
4　当事者の誤解　**M&A はすぐにできる？**······································15
　(1)　M&A はどのような手続で行われるのか··································15
　　　［図1－4－1］　M&A の一般的な流れ······································15
　(2)　M&A はすぐできるのか·······················································16
　　　［図1－4－2］　M&A に必要な期間·········································17
5　当事者の誤解　**M&A に必要な外部協力者？**·······························18
　(1)　M&A は自社のメンバーだけでできるか··································18
　　　［図1－5－1］　M&A における外部協力者の活用·······················19

(2) 外部協力者…………………………………………………………20
　　　　[図1−5−2] M&Aにおける外部協力者の例………………………21
　　(3) 外部協力者の選定方法……………………………………………23
**6** **当事者の誤解** **M&Aは必要な場面で考える？**……………………24
　　(1) 会社や事業の成長のライフサイクル……………………………24
　　　　[図1−6−1] 会社や事業のライフサイクル………………………25
　　　　[図1−6−2] 危機時期における手続とM&A……………………28
　　(2) 日頃から経営者が考えておくべきこと…………………………28
　　　　[図1−6−3] M&Aはどの時期でも考える………………………30
**7** **当事者の誤解** **情報管理はそんなに大事？**……………………………31
　　(1) 情報管理の重要性…………………………………………………31
　　　　[図1−7−1] 上場企業における情報開示…………………………31
　　(2) 具体的な情報管理の方法…………………………………………32
　　　　[図1−7−2] 情報管理の方法………………………………………32
　　(3) M&Aの実行後の情報管理も忘れずに…………………………33
**8** **売り手の誤解** **赤字や債務超過の会社は売れない？**…………………34
　　(1) うちの会社は売れるか……………………………………………34
　　(2) 赤字や債務超過会社でも売ることは可能………………………34
　　(3) 何に値段がつくのか………………………………………………35
　　(4) 売り手での取組み…………………………………………………36
　　　　[図1−8−1] 売り手の会社や事業の価値…………………………37
**9** **売り手の誤解** **経営権を完全に手放さないとダメ？**…………………38
　　(1) 経営権はどうなるか………………………………………………38
　　(2) 経営権を維持したり経営に関与したりしながらのM&A……38
　　　　[図1−9−1] M&Aの方法…………………………………………39
**10** **売り手の誤解** **会社は会社にしか売れないのか？**…………………42
　　(1) 会社の売却先は外部の会社？……………………………………42

目次

 (2) MBO ……………………………………………………………42
 (3) EBO・MEBO ………………………………………………43
 (4) MBO・EBO・MEBO の課題と方法 …………………………43
  ［図1-10-1］ MBO のイメージ ………………………44

**11** **売り手の誤解** **会社の売り時は今？** ……………………………45
 (1) 売り急ぐと悲劇につながる ………………………………………45
 (2) M&A を意識すべきタイミング …………………………………45
 (3) 名義株の問題の解決を ……………………………………………46
  ［図1-11-1］ 名義株の問題と解決方法 ……………47
  ［図1-11-2］ 全部取得条項付株式の利用 …………48
 (4) 急にM&Aの売却ニーズが出てきたときの対応 ……………48
  ［図1-11-3］ 売り手でのM&A …………………………49

**12** **買い手の誤解** **M&A を行えばシナジーが生まれる？** …………50
 (1) 買い手のM&Aの目的 ……………………………………………50
 (2) 買い手の期待し得るシナジーとは ………………………………50
 (3) 負のシナジー ………………………………………………………53
  ［図1-12-1］ 買い手が検討すべきシナジー …………53

**13** **買い手の誤解** **少しでも早く、1円でも安く？** ………………55
 (1) 買い焦ると？ ………………………………………………………55
 (2) かけるべきところには時間と費用をかける ……………………55
 (3) 安く買いたたくと？ ………………………………………………56
  ［図1-13-1］ 買い手のリスクヘッジ …………………57

# 第2章 M&A における心掛け

Introduction ……………………………………………………………………60
**1** **トラブルの特徴** M&A におけるトラブルの特徴 ………………61

(1)　M&Aにおけるトラブルの特徴……………………………………61
　(2)　リスクヘッジへの意識を高めることが重要………………………63
　　　［図2－1－1］　M&Aにおけるトラブルの特徴………………63
2　**トラブルになるポイント**　M&Aの4つのトラブル
　ポイント……………………………………………………………………64
　(1)　M&Aの手続の中でトラブルになるポイント……………………64
　(2)　M&Aの4つのトラブルポイントはどこか………………………65
　　　［図2－2－1］　M&Aの4つのトラブルポイント……………66
　(3)　M&Aにおけるトラブルの内容と原因……………………………66
　　　［図2－2－2］　M&Aのトラブルの原因と対応………………68
3　**手続❶**　M&Aの検討開始……………………………………………69
　(1)　目的を明確に設定することの重要性………………………………69
　(2)　目的を維持し続けることの重要性…………………………………70
　　　［図2－3－1］　方針と目的の明確化と一貫性…………………71
4　**手続❷**　外部協力者の選定と契約の締結（トラブル
　ポイント①）………………………………………………………………72
　(1)　外部協力者の選定……………………………………………………72
　(2)　外部協力者との間でのトラブル……………………………………73
　(3)　アドバイザーとの契約を締結する際に注意すべきポイント……75
　(4)　アドバイザーとの契約締結前後で注意すべきポイント…………80
　(5)　信頼できるアドバイザーの選定方法………………………………81
　　　［図2－4－1］　アドバイザーとの契約における注意点………82
5　**手続❸**　企業価値評価………………………………………………83
　(1)　一般的な企業価値の算定方法………………………………………83
　(2)　中小企業のM&Aの現場では………………………………………85
　　　［図2－5－1］　企業価値・事業価値の算定方法………………86
　(3)　「営業権」の考え方……………………………………………………87

［図2-5-2］　営業権 ……………………………………………… 87
6 　**手続④**　**相手の探し方** ………………………………………………… 89
　(1)　M&Aの相手の探し方 …………………………………………… 89
　(2)　経営者等の人脈を通じて探す方法 …………………………… 89
　(3)　外部協力者を通じて探す方法 ………………………………… 90
　　　［図2-6-1］　相手の探し方 ……………………………………… 90
7 　**手続⑤**　**秘密保持契約の締結（トラブルポイント②）** ………… 92
　(1)　NDAやCAとは ………………………………………………… 92
　(2)　秘密保持契約締結の段階もM&Aのトラブルポイントの1つ …… 93
　　　［図2-7-1］　秘密保持契約締結における注意点 …………… 100
8 　**手続⑥**　**基本条件の交渉** ……………………………………………… 102
　(1)　当事者の意向の確認とすり合わせ …………………………… 102
　(2)　スキームの選択と決定 ………………………………………… 102
　　　［図2-8-1］　スキームの選択と決定 ………………………… 103
9 　**手続⑦**　**基本合意書の締結（トラブルポイント③）** …………… 104
　(1)　LOIやMOIとは ………………………………………………… 104
　(2)　基本合意書の締結の段階もM&Aのトラブルポイントの1つ …… 104
　　　［図2-9-1］　事業譲渡における基本合意書 ………………… 105
　(3)　基本合意書の内容はさまざま ………………………………… 114
10 　**手続⑧・手続⑨**　**詳細調査の実施と調査結果に基づく交渉** … 115
　(1)　デューディリジェンスとは …………………………………… 115
　(2)　デューディリジェンスの内容 ………………………………… 116
　(3)　デューディリジェンスの結果に基づいた検討 ……………… 118
　(4)　ブレークをいとわない ………………………………………… 119
　　　［図2-10-1］　デューディリジェンス（DD）………………… 120
11 　**手続⑩**　**最終合意書の締結（トラブルポイント④）** …………… 121
　(1)　最終合意書の締結 ……………………………………………… 121

| (2) | 最終合意書締結の段階も M&A のトラブルポイントの1つ ………121 |
| --- | --- |
| | [図2−11−1] 事業譲渡における最終合意書 ……………………122 |
| (3) | クロージングの際の注意点……………………………………………133 |

## 12 手続⑪ M&A 手続の実行 ……………………………………………134

| (1) | M&A 実行後の事務 ……………………………………………………134 |
| --- | --- |
| (2) | M&A を実行した後が本当のスタート ……………………………134 |
| | [図2−12−1] M&A を実行した後が本当のスタート ……………135 |

# 第3章　M&A の具体的方法

## Introduction ……………………………………………………………………138

## 1 総論 基本的な考え方 ………………………………………………139

| (1) | 中小企業の M&A を成功させるために ……………………………139 |
| --- | --- |
| | [図3−1−1] 中小企業の M&A を成功させるために ……………140 |
| (2) | 状況が許せば関係性の構築を…………………………………………140 |
| | [図3−1−2] 中小企業の M&A の方法 ……………………………142 |

## 2 各論 事業譲渡 …………………………………………………………143

| (1) | 事業譲渡の内容…………………………………………………………143 |
| --- | --- |
| (2) | 事業譲渡の手続…………………………………………………………144 |
| | [図3−2−1] 事業譲渡①（実行） ……………………………………145 |
| | [図3−2−2] 事業譲渡②（実行後） …………………………………145 |
| | [図3−2−3] 事業譲渡の手続の一例（上場企業間の全部譲渡の場合）…146 |
| (3) | 譲渡人の競業避止義務…………………………………………………147 |
| (4) | 商号使用者の責任………………………………………………………148 |
| (5) | 事業譲渡を選択する場合のメリット…………………………………150 |
| (6) | 事業譲渡を選択する場合のデメリット………………………………151 |

## 3 各論 株式譲渡 …………………………………………………………153

(1)　株式譲渡の内容 ……………………………………………… 153
　(2)　株式取得の方法 ……………………………………………… 153
　　　［図3－3－1］　株式譲渡①（実行前） ……………………… 154
　(3)　株式譲渡の手続 ……………………………………………… 154
　　　［図3－3－2］　株式譲渡②（実行後） ……………………… 155
　(4)　株式譲渡のメリット ………………………………………… 156
　(5)　株式譲渡のデメリット ……………………………………… 157
　(6)　段階的な株式譲渡スキーム ………………………………… 158

## 4　各論　新株発行 …………………………………………………… 159
　(1)　新株発行のM&Aでの活用 ………………………………… 159
　　　［図3－4－1］　第三者割当増資①（実行前） ……………… 160
　　　［図3－4－2］　第三者割当増資②（実行後） ……………… 160
　(2)　新株発行の手続 ……………………………………………… 160
　(3)　新株発行のメリット ………………………………………… 161
　(4)　新株発行のデメリット ……………………………………… 163

## 5　各論　株式交換 …………………………………………………… 165
　(1)　株式交換の概要 ……………………………………………… 165
　　　［図3－5－1］　株式交換①（実行前） ……………………… 166
　　　［図3－5－2］　株式交換②（実行） ………………………… 167
　　　［図3－5－3］　株式交換③（実行後） ……………………… 168
　(2)　株式交換の手続 ……………………………………………… 168
　　　［図3－5－4］　株式交換の手続 ……………………………… 169
　(3)　株式交換のメリット ………………………………………… 170
　(4)　株式交換のデメリット ……………………………………… 171

## 6　各論　株式移転 …………………………………………………… 173
　(1)　株式移転の概要 ……………………………………………… 173
　　　［図3－6－1］　株式移転①（実行前） ……………………… 174

(2)　株式移転の手続………………………………………………… 174
　　　　［図3-6-2］　株式移転②（実行）……………………………… 175
　　　　［図3-6-3］　株式移転③（実行後）……………………………… 176
　　(3)　株式移転のメリット…………………………………………… 176
　　　　［図3-6-4］　株式移転の手続…………………………………… 177
　　(4)　株式移転のデメリット………………………………………… 178
**7**　各論　会社分割…………………………………………………… 179
　　(1)　会社分割の概要………………………………………………… 179
　　　　［図3-7-1］　吸収分割①（実行前）……………………………… 181
　　　　［図3-7-2］　吸収分割②（実行）………………………………… 182
　　(2)　会社分割の手続………………………………………………… 182
　　　　［図3-7-3］　会社分割の手続（吸収分割）……………………… 183
　　(3)　会社分割のメリット…………………………………………… 184
　　(4)　会社分割のデメリット………………………………………… 186
**8**　各論　合　併…………………………………………………… 188
　　(1)　合併の概要……………………………………………………… 188
　　　　［図3-8-1］　吸収合併①（実行前）……………………………… 189
　　　　［図3-8-2］　吸収合併②（実行）………………………………… 190
　　(2)　合併の手続……………………………………………………… 190
　　　　［図3-8-3］　吸収合併③（実行後）……………………………… 191
　　　　［図3-8-4］　吸収合併の手続…………………………………… 192
　　(3)　合併のメリット………………………………………………… 193
　　(4)　合併のデメリット……………………………………………… 195

・おわりに～M&Aの活用で豊かな社会の実現を～……………………… 198

・事項索引………………………………………………………………… 199
・著者略歴………………………………………………………………… 202

# Chapter・1

## M&Aにおける誤解

第 **1** 章

M&Aにおける誤解

第1章 M&Aにおける誤解

## *Introduction*

　会社や事業の規模、業種・業態にかかわらず、M&Aは誰にとっても身近な事柄ではありません。M&Aとは無縁のまま、何十年、何百年と続いてきた会社や事業は世の中にはいくらでもあります。それとは逆に、M&Aを会社や事業の経営戦略の効果的な手法ととらえて、積極的にM&Aを仕掛けて加速度的に成長している会社や事業も世の中にはたくさん存在しています。

　会社や事業のライフサイクルは、①創業期、②成長期、③成熟期、④衰退期という順に進みますが、会社や事業はその各期においてさまざまな問題や課題を抱えながら継続していきます。手続や手法、そして実行することにより得られる効果、また、それらに潜むリスクを正しく理解して活用すれば、M&Aは①～④の各期で会社や事業が抱える問題や課題を解決するための効果的な経営戦略の1つとなります。これは、社歴や規模、業種や業態を問わず、すべての会社や事業にとってあてはまる話です。

　このような効果的な経営戦略を活用するためには、まずはM&Aに関する正しい認識をもつ必要があります。どんなに効果的な手法であっても、その内容について誤解があれば、十分にその効果を享受することはできないからです。

　そこで、本章では具体的な流れや手法に関する説明をする前に、売り手側であっても、買い手側であっても、まずは認識しておいていただきたい大切な事項とよくある誤解について説明します。

## 1 当事者の誤解 M&Aは合併と買収？

　M&Aに関するセミナーや打合せで話をさせていただく場面で、「M&Aの言葉の意味をご存知でしょうか？」という質問を投げかけると、M&Aについての知識をおもちの方からは「企業における合併や買収のことです」といった回答が返ってきます。

　確かに、M&Aは「Mergers」（合併）＆「Acquisitions」（買収）の略語ですから、「M&A＝合併と買収」という回答は正しいものです。しかし、このような小難しい言葉を使っていることが、わが国の大部分を占める中小企業や個人事業者がM&Aを縁遠いものと感じてしまう原因になっているように思います。また、「買収」という言葉が、なんとなく「企業を買われてしまった」「企業を買い叩かれた」「企業を買ってやった」「企業を買い占めた」という、売り手側にはマイナスイメージを、買い手側にはハゲタカやハイエナのようなイメージを植えつけてしまった原因であるようにも思います。

　正確な言葉の意味はともかく、現実に行われているM&Aの実態を考えると、少なくとも、M&Aは合併や買収だけを指す言葉として使われているわけではありません。たとえば、資本提携や業務提携などもM&Aの例として紹介されたり、報道されたりすることがありますし、そのような紹介や報道を聞いたことがある人も多いのではないでしょうか。そのため、M&Aを考えるにあたっては、合併や買収だけではなく、実際に使われているもっと広い意味で、また、もっと簡単にとらえたほうが実態に即していると思いますし、M&Aを身近なものとしてとらえていただけるのではないかと思います。

　そこで、本書では、M&Aを、「Mergers」（合併）＆「Acquisitions」（買

収）という言葉どおりにとらえるのではなく、①会社や事業の全部または一部を売る、②会社や事業の全部または一部を買う、③会社や事業を一緒にやる、こととして広くとらえて考えていきます。なお、わが国では敵対的買収はほとんど失敗しますので、①や②の会社や事業の全部または一部の売買といっても友好的買収が前提になります。このようなとらえ方のほうが、実際に行われているM&Aの現状を正しくとらえていると思いますし、聞いた人も使う人も、しっくりとなじめるのではないかと思います。M&Aを考えるに際しては、まずはこれから検討していくM&Aの言葉自体を正しくとらえ直すことがスタートラインです。

［図1－1－1］　M&Aとは？

【本来的な意味】
M&A=mergers and acquisitions（合併と買収）の略

【本書でのとらえ方】
①　企業や事業の全部または一部を売る
②　企業や事業の全部または一部を買う
③　一緒に事業を行う

## 2 M&Aは本当に必要なのか？

当事者の誤解

　私が、経営者や事業者の方に、経営戦略上、M&Aという手法を用いる必要があることを説明すると、経営者や事業者の方からは「これからM&Aを積極的に経営戦略にとり入れていかないと駄目だと言うけれど、本当にうちの会社でもM&Aを意識する必要があるの？」という質問が返ってくることがあります。

　個人的には、どんな業種・業態・社歴の会社や事業であっても、これからの時代、会社や事業の存続、成長のためには、M&Aを積極的に活用していくことが不可欠だと考えています。会社や事業は、①創業期、②成長期、③成熟期、④衰退期といったライフサイクルを経ながら成長し、そして存続していきます。企業はこの過程でさまざまな問題や課題を抱えることになりますが、その問題や課題を解決するための効果的な手法の1つがM&Aなのです。また、今後わが国が進む方向性や、現在の市場経済がとりまくわが国の環境的要因は短期間で劇的に変化することが予想されています。会社や事業者をとりまく環境の劇的な変化の中で、会社や事業が成長し存続していくためには、M&Aを正しくとらえたうえで経営戦略の一手法として活用し得るか否かが鍵を握っています。以下では、そのように考える理由を少しだけ紹介させていただきます。

第1章 M&Aにおける誤解

## (1) 国内に目を向けてみたら？

### (A) 経営者の後継者不足

現在わが国は急速なスピードで少子化・高齢化が進んでいます。国立社会保障・人口問題研究所の発表している統計資料によれば、わが国の人口は1億2806万人だった2010年をピークとして、その後減少傾向に移り、何と2055年には8674万人にまで減少すると言われています。また、全人口のうち65歳以上の割合を示す高齢化率も年々増加し、2010年には23％だったのが、2055年には39％にまで至るとも言われています。もちろん、その間、外国人人口の増加や、医化学分野での技術の発達により、必ずしもそのような人口推移をたどるわけではないと思いますが、少子化・高齢化が進行している傾向にあることは疑いのない事実です。

そのような状況の中で、企業に目を向けると「後継者不足」の問題が企業の存続に深刻な影響を与え始めています。私自身も、ここ数年来、事業承継に関する相談を受ける機会が増えていることを実感しています。これは、いわゆる団塊の世代の経営者の引退に伴う傾向ですが、世の中の多くの企業が深刻な「後継者不足」の問題を抱え、その問題を解決するために「事業承継」に取り組んでいます。「事業承継」と一言で言っても、その手法はさまざまです。たとえば、社内で後継者を探したり、社外で後継者を探したり、親族に経営権を相続させたりといった方法もありますが、その中で効果的な手法の1つがM&Aを用いた事業承継スキームなのです。

### (B) 少子化・高齢化に伴う生産年齢人口の減少

また、会社や事業の経営者にとって、後継者不足だけが深刻な問題ではありません。現在、わが国では、少子化・高齢化とあわせて、生産年齢人口（15歳～64歳）も急速なスピードで減少の一途をたどっています。これも国立社会保障・人口問題研究所の発表している統計資料の数字ですが、2010年には全人口に占める生産年齢人口の割合が63.8％だったものが、時間の経過と

ともに右肩下がりに減少し、2055年には50.9％にまで減少するという予測が示されています。

　生産年齢人口は、年齢別人口のうち生産活動の中核をなす年齢の人口層ですので、生産年齢人口が減少することにより、会社や事業者は深刻な「人手不足」の問題を抱えることになります。わが国の生産年齢人口は1990年をピークとして減少傾向にあるので、すべての業種・業態にあてはまるわけではありませんが、一定の業種・業態では、雇用の確保が喫緊の課題となっています。また、生産年齢人口は、市場における消費が最も活発な年齢層です。そのため、生産年齢人口の減少は、会社や事業者にとっては「マーケットの縮小」という脅威も同時に差し迫ってきているのです。そして、今後、このような傾向はますます強まっていくことが予想されています。

　このような状況の中で企業や事業者が労働力を確保し、マーケットを獲得するために、とりうる効果的な選択肢の1つが、M&Aなのです。

(C) 都市機能の中心部への集中

　わが国では、1990年代より、中心市街地の空洞化現象（ドーナツ化現象）が生じ始めましたが、このような郊外化の問題を解決するために、都市郊外化・スプロール化を抑制し、市街地のスケールを小さく保ち、コミュニティの再生や住みやすいまちづくりをめざす、いわゆる「コンパクトシティ」の構想が掲げられ、各地方都市で推進されています。このような方向で地方都市の再生が進めば、会社や事業者は、それに伴う従来の商圏やマーケットの変容といった問題に直面し、パラダイムシフトを余儀なくされます。

　地方都市において人口の移動や変動が生じた場合には、会社や事業も人口の移動や変動に伴い、ビジネスの拠点の移転や移動を強いられることになります。人がいないところで、商売をしていても仕方がないからです。工場や研究開発拠点は別としても、地方都市に拠点をおいていた会社や事業者の多くは都市機能が集中する中心部に移動することを余儀なくされるのではないでしょうか。このようなパラダイムシフトの中で、会社や事業者がとりうる

効果的な選択肢の1つがM&Aなのです。

(D) IT化や技術の飛躍的進歩

　私たちは、現在、インターネットやスマートフォンをあたりまえのように使っていますが、それらの技術的な変革を30年前に予測できた人はほとんどいなかったのではないでしょうか。記憶にある方も多いと思いますが、1980年代後半に使用されていたコンピュータは非常に大きなサイズでした。でも、性能的には、今のスマートフォンよりもかなり性能が悪かったはずです。このように、数十年も経てば予測もつかないことが現実になります。コンピュータの性能は1年半で倍になるとも言われています。コンピュータの分野におけるこのような劇的な変化は、私たちの日々の暮らしはもちろん、会社や事業者の描く事業戦略上も大きな変容をもたらしていくことになるのは明らかです。

　私はSFが好きなので、SF映画やアニメを好んで見ています。そのようなSFの世界では人間の意識が情報としてコンピュータに入り込むといった世界が描かれてきましたが、そのような未来もそう遠くなく現実の世界として訪れるのだと思います。また、現在開発が進められている医療用ロボットや家庭用ロボットが汎用化されることで、あと10年も経つと個人レベルの生活基盤は大きな変革を強いられることになるのではないかと考えられています。

　宇宙が誕生したのが138億年前、地球が誕生したのが46億年前、人類が誕生したのが300万年前、産業革命が200年前、コンピュータが発明されたのが1946年、インターネットの普及が始まったのが1990年、iPhoneが発売されたのが2007年です。そして、この進化の速度は指数関数的に早くなっていると言われています。このようなIT化の進行は、経済や仕事や雇用にも大きな影響を及ぼすことが予想されます。現実的にも産業用ロボットが導入されて多くのブルーワーカーが失業し始めているといったことが世界的にも生じてきています。そのような状況の中で、企業は否応なしに業態変換を強いら

れることになります。その際に活用できる効果的な選択肢がM&Aなのです。

[図1－2－1] 国内環境の変化とM&A

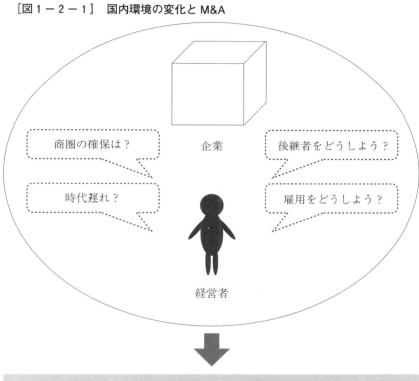

解決に向けた有効策の1つがM&A

(2) 海外に目を向けてみたら？

海外に目を向けた場合には、どのようなことが予想されるでしょうか。1990年以降、わが国はグローバリゼーションの渦中にあると言われています。たとえば、市場は、中国、ロシア、インド、ベトナム、シンガポール、さら

にはアフリカまで拡大していく流れの中にあります。これらの国は人口動向の増大にあわせて経済も急激に成長している最中にあります。国内のマーケットが規模を縮小していく一方で、海外のマーケットは規模を拡大する傾向にあります。当然のことながら、会社や事業の戦略上、一定の事業分野では、これらのマーケットの変遷にあわせて活動範囲を拡大していくことが求められています。

特に、現在、わが国が交渉に参加しているTPP（環太平洋戦略的経済連携協定）への加盟や、その先に予想されるFTAAP（アジア太平洋自由貿易圏）による広域な自由貿易圏が現実のものになってくると、加盟諸国間でのインバウンド・アウトバウンドとよばれる市場取引がより活発になっていきます。そのような状況が生じた場合に、会社や事業者にとっては、海外に進出して一から拠点を設立するよりも、すでに海外拠点を有していたり、海外とのネットワークや、現地での人脈や信用といった取引基盤を有している会社や事

［図1－2－2］　FTAAP（アジア太平洋自由貿易圏構想）

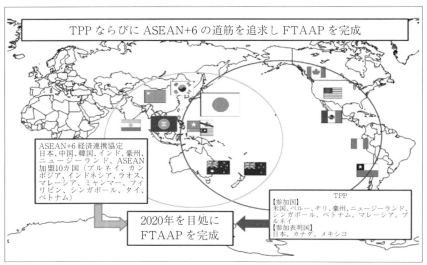

㈳日本経済団体連合会　作成

業の基盤をM&Aで取得したほうが、リスクも低く、進出の速度も短縮することができるはずです。実際にそのような手法で海外展開を始めている企業もたくさんあります。今後はさらにこの傾向は増していくことが予想されます。

## (3) これからのM&A

　これらはいずれも1つの仮説にすぎませんし、他の考え方が存在することも理解しています。私はこの種の分野の専門家ではありませんので、正確性に欠ける部分もあったかもしれませんが、私がここでお伝えしておきたいのは、現在の経営者には、このような世の中の流れに対応していくための柔軟な発想をもったうえで、売り手としても買い手としてもM&Aを活用しながら会社や事業を展開していく必要があることを意識していただきたいということです。「会社や事業の使命は何か」という問いにはさまざまな答えが返ってくると思いますが、その中の答えの1つに、「会社や事業を存続させ続けることで雇用の場を絶えず創出し続けて世の中に貢献していくこと」という答えがあります。現在のように変化の幅が大きく、変化の速度の速い社会の中で会社や事業が持続可能性を高めていくためには、組織体制や事業内容やビジネススキームや雇用形態など、あらゆる面で時代の流れに沿った柔軟な姿勢で変容することを考え続ける必要があります。変化の大きい時代だからこそ、また、変化のスピードが速い時代だからこそ、より積極的に世の中の流れに合った形で会社や事業も変容していくことが求められています。そしてその変容を実現し得る積極的な方策の1つがM&Aなのです。

## 3 当事者の誤解 M&Aは大企業だけのもの？

### (1) M&Aは大企業だけのものではない

　日々の業務の中で、中小企業の担当者や個人事業主の方にM&Aの手法を説明すると「うちの会社は規模が小さいし関係ないよ」「M&Aなんて夢のまた夢だよ」「うちは単一業種でせいぜい2億円程度の年商だから、M&Aなんて無縁の世界ですよ」「M&Aって上場企業だけの話でしょ？」などといった回答が返ってくることがありますが、これらはいずれも誤解です。

　振り返ってみると、2005年初頭のライブドアによるニッポン放送買収騒動や村上ファンドなどの投資ファンドがマスコミで取り上げられた時期くらいから「M&A」という単語の認知度が拡がったように思います。また、昨今では事業承継対策の1つとして「M&A」という単語が語られる場面も増えてきたように思います。一昔前よりも「M&A」という言葉に親和性が出てきたことは間違いないことだと思いますが、それでも、いまだに「M&A＝大企業のもの」と誤解している方は結構多いように感じています。

　このような状況が生じている理由の1つとしては、M&Aという言葉のもつイメージが影響しています。前述したとおり、M&Aは「Mergers」（合併）＆「Acquisitions」（買収）の略語ですが、合併（Mergers）や買収（Acquisitions）というと、どうしても大企業の間で発生する事象のようなイメージを抱いてしまうのだと思います。

　また、私たちが日々の生活の中で接する新聞やYAHOO！ニュースなど

で目にする報道のほとんどは、大企業間のM&Aや国際取引上のM&Aに関するものばかりです。そのため、M&Aは自分の会社や事業には関係のない事柄で上場企業だけの問題だと認識していたりすることも多いように思いますが、これらはすべて誤解です。M&Aは大企業や上場企業だけのものではありません。むしろわが国の企業の大部分を占める中小企業にとっても活用すべき有力な経営戦略の一手法です。

さらに、M&Aに関する法的な規制は、難解で大げさに感じられる内容も多く、そのような観点からも、M&Aは大企業にしかできないように感じられるのかもしれません。

［図1－3－1］（M&Aに関連する法律）をご覧ください。これはM&Aに関連する法律の一部を記載したものです。確かに、「独占禁止法」や「金融商品取引法」など、一定の規模の会社や上場企業にしか関連しない法律もありますが、それ以外の法律は一定の規模の会社や上場企業だけを対象としたものではありません。たとえば、M&Aの手法である合併や株式交換や株式移転や新株の割当てなどの手続は「会社法」の中に規定がおかれています。

［図1－3－1］　M&Aに関連する法律

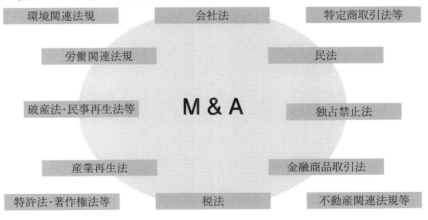

当事者の営む事業や業種・業界にかかわるさまざまな法規が関係する

また、M&Aは契約によって行われるので、契約行為に関する一般的な法律である「民法」も関係してきます。またM&Aの当事者が営む事業内容によっては「環境関連法規」「特定商取引法」「知的財産関連法規」などが関係してきますが、これらの規制はいずれも、一定規模の企業や上場企業だけではなく、わが国で事業を行う会社や事業者に等しく適用されるものなのです。

## (2) 中小企業こそM&Aの積極的な活用を

わが国の企業の99.7％以上が中小企業や小規模事業者であるといった経済産業省の統計データがありますが、これらの中小企業や小規模事業者の中には、M&Aというと、自分たちとは縁遠くて、自分たちが簡単に利用できない手法のように思っている人も多いように感じます。

しかし、どのような規模や組織の会社であっても、M&Aで会社を売却したり、事業の譲渡を受けて事業を拡大したりすることは可能です。M&Aは、中小企業にとっても使い方次第では、さまざまな経営課題を解決したり、急速な成長戦略を実現したり、狙っていた分野や市場への新規参入を容易にしたりすることができる効果的な経営戦略の1つなのです。

世の中の変化の影響を最も強く受けるのは中小企業です。中小企業は、景気、政府の政策の転換、行政の支援策の変化等、さまざまな社会的影響を受けながら、日々の事業の運営を行っています。現在のように変化の大きい時代に、会社や事業の持続可能性を維持し、高めていくためには、中小企業自らが積極的な施策を講じていくことが不可欠です。だからこそ、中小企業はM&Aを自分たち自身の問題としてとらえて、戦略的に活用することで会社や事業の持続可能性を高めていくことが必要です。

# 4 | 当事者の誤解  M&Aはすぐにできる？

## (1) M&Aはどのような手続で行われるのか

　一般的に、M&Aは、①M&Aの検討開始、②外部協力者の選定と契約の締結、③企業価値評価／買収条件の検討、④候補先の絞込みと選定、⑤候補先と秘密保持契約の締結、⑥基本条件の交渉、⑦基本合意書の締結、⑧詳細調査（デューディリジェンス）、⑨詳細調査の結果に基づく交渉、⑩最終合意書の締結、⑪M&A手続の実行という流れで進められますが、この一連の流れには、どのくらいの時間がかかるのでしょうか。

[図1－4－1] M&Aの一般的な流れ

① M&Aの検討開始
② 外部協力者の選定と契約の締結
③ 企業価値評価／買収条件の検討
④ 売却候補先／買収候補先の絞込みと選定
⑤ 売却候補先／買収候補先と秘密保持契約の締結
⑥ 基本条件の交渉
⑦ 基本合意書の締結
⑧ 詳細調査（デューディリジェンス）
⑨ 詳細調査の結果に基づく交渉
⑩ 最終合意書の締結
⑪ M&A手続の実行

## (2) M&Aはすぐできるのか

　これまで何らかの形でM&Aに関連する業務に携わった方や、セミナーや書籍でM&Aに関して学んだ方であれば、M&Aにはある程度の時間が必要であることを認識している方も多いと思います。ただ、これまでM&Aに関連する業務に携わった経験がない方や、M&Aに関する知識などがない方の中には、もっと簡単にM&Aができると考えている方も多いように思います。それこそ、車1台を売ったり買ったりするのと同じような感覚で、M&Aを考えておられるようです。M&Aは会社や事業を丸ごと売ったり買ったりする話ですので、車1台の売買とは時間的にも、作業的にも、費用的にも全くレベルが異なる話です。M&Aには相応の時間がかかるのです。

　実際にどれくらいの期間がかかるかについては、案件ごとにさまざまなので、一概に説明することはできません。たとえば、M&Aの検討の段階（①の段階）で検討時間を要することもありますし、外部協力者の選定の段階（②の段階）で信頼できる外部協力者をすぐにみつけることができない場合もありますし、企業価値の算定の段階（③の段階）で資料がなかったり検討に時間を要してしまったりする場合もあります。また、すでに心当たりがある場合は別として、相手探しからM&Aを行うことを予定している場合には、候補先の絞込みと選定（④の段階）にもある程度の時間が必要です。さらに、基本条件の交渉の段階（⑥の段階）や、デューディリジェンス（⑧の段階）や、詳細調査の結果に基づく交渉の段階（⑨の段階）にも時間がかかります。交渉は相手のあることですので、お互いの納得できる条件に至らなければ何度も話し合いを重ねる必要がありますし、外部の専門家が行うデューディリジェンスにも数週間の時間がかかることが通常です。

　ですので、どんなに早く進んだとしても、3カ月から6カ月くらいの期間、長ければ2年くらいの期間がかかることは少なくありません。2年というと長く感じるかもしれませんが、M&Aの検討を開始する期間を含めて考えれ

ば珍しいことではありません。

[図1－4－2] M&Aに必要な期間

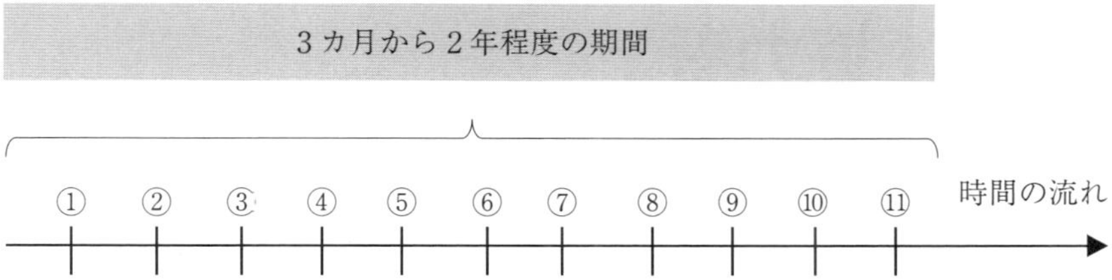

| 3カ月から2年程度の期間 |

① M&Aの検討開始
② 外部協力者の選定と契約の締結
③ 企業価値評価／買収条件の検討
④ 売却候補先／買収候補先の絞込みと選定
⑤ 売却候補先／買収候補先と秘密保持契約の締結
⑥ 基本条件の交渉
⑦ 基本合意書の締結
⑧ 詳細調査（デューディリジェンス）
⑨ 詳細調査の結果に基づく交渉
⑩ 最終合意書の締結
⑪ M&A手続の実行

第1章 M&Aにおける誤解

当事者の誤解

## 5 M&Aに必要な外部協力者？

### (1) M&Aは自社のメンバーだけでできるか

　M&Aに関する相談業務を受けていると、まれに「これまでM&Aは何度か経験したけれど、全部、自分たちだけでやってきた」という方に出会うことがあります。

　確かに、M&Aはビジネス上の取引の1つですから、自社のメンバーだけで行うことも不可能ではありません。しかし、そのようなやり方には大きなリスクが潜在しています。私は、これまで、弁護士としてM&A絡みの訴訟やM&Aの後に倒産状態に陥ってしまったケースを何件も対応してきています。M&A絡みの訴訟の相談を受けたときに「どうして、このような契約書になっているのですか？ 誰か弁護士には相談しなかったのですか？」と確認したところ、「弁護士に相談せずに進めました……」とか、ひどい場合には「弁護士には相談したのですが問題ないと言われたので、そのまま進めてしまいました……」といったケースもありました。

　どんなに経験が豊富な経営者であっても、M&Aに携わった経験が10件、20件もある経験者はわずかではないかと思います。しかし、M&Aに関するリスクはM&Aに関する業務経験が豊富な専門家の力を借りることで大幅に低減することができます。そもそも、M&Aにおいては、独特の専門用語が数多く使われますし、スキーム自体の手続が複雑で、それぞれのスキームのメリット・デメリットもさまざまです。そのような用語の意味や、手続に

関する規制や各スキームのメリット・デメリットを、すべて正確に把握したうえで、適宜適切な経営判断を行っていくことは容易ではありません。

また、売り手であっても、買い手であっても、M&Aは経営判断の中でも極めて高度な判断が必要です。経験が豊富で、経営手腕に自信がある経営者であっても、そのような重要な局面では自分だけで正確な判断をすることは容易ではありません。M&Aに関する経営判断を行うに際しては、財務や税務や法務といった専門的知識が不可欠です。その外部の専門家を活用しながら専門的知識や経験を補いつつ、正しい状況分析のもとで判断を行うことが必要です。

さらに、M&Aの手続は最低でも3カ月、場合によっては2年程度の期間がかかることもまれではありません。最終的に満足のいくM&Aを実行するまでには、時間と労力が必要になります。会社や事業者の本来的な業務以外に膨大な時間を割くことは、望ましいことではありません。

M&Aにおいては「餅は餅屋」の発想で経験豊富な外部協力者を登用したほうが望ましい結果を得られることが多いと感じています。

[図1-5-1] **M&Aにおける外部協力者の活用**

【会社や事業者側の事情】
① M&Aの経験件数が少ない
② M&Aは経営上の重大な判断事項
③ M&Aは多大な労力・時間・費用・専門性が必要

【外部協力者の登用】
外部協力者を登用することで
無駄な労力を省きつつ知識と経験と情報を補い
正確な経営判断を行う

## (2) 外部協力者

　売り手であっても、買い手であっても、外部協力者の存在が不可欠だとして、そもそも、M&Aにおける外部協力者には、どのような職種の人たちがいるのでしょうか。

　［図1－5－2］（M&Aにおける外部協力者の例）をご覧ください。この図表には「アドバイザー」「会計士・税理士」「弁護士」「その他」といった職種が記載されていますが、「その他」には「社会保険労務士」「司法書士」「行政書士」など、ケースによってさまざまな専門家の関与を受けることが必要になります。どのような外部協力者の協力を得ながら手続を進めることが望ましいかは、それぞれの会社や事業者が営んでいる事業の業種・業界・業態によってさまざまですので、これらの外部協力者が必ず必要なわけではありません。まずはそれぞれの外部協力者の職種の一般的な特性を理解したうえで、実際のケースでは、M&Aの外部協力者の中核を担うアドバイザーや会計士・税理士や弁護士等のアドバイスを得ながら、ケースに応じた外部協力者の体制を構築してM&Aを進めていくことが必要です。

### (A) アドバイザー

　M&Aにおけるアドバイザーは、M&Aの相手探し、交渉、契約締結までの一連の業務を行ってくれる外部協力者です。外部協力者の中でもM&A手続の中核を担う存在です。さまざまなアドバイザーが存在していますが、具体的にどのような業務を担当してくれるかは、アドバイザーによってさまざまです。そのため、アドバイザーを選定する際には、どのような業務を行ってくれるかを慎重に確認することが必要です。また、アドバイザーと言っても、その担い手と業務内容の範囲はさまざまです。M&Aを専門にしている独立系のコンサルティング会社もあれば、銀行や証券会社やファンドがアドバイザリー業務を行っている場合もあります。公認会計士や税理士事務所がアドバイザリー業務を行うケースも増えてきたように感じます。さらに、

[図1-5-2] M&Aにおける外部協力者の例

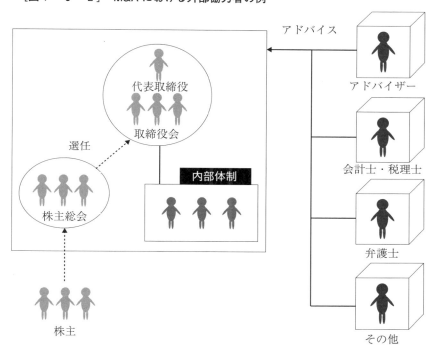

組織ではなく、個人のコンサルタントがアドバイザリー業務を行っている場合もあります。さまざまなアドバイザーがいますが、実績と経験はもちろん、それ以上にとにかく信頼できるアドバイザーを選定することが大切です。アドバイザーの選定時の注意点については、また別の項で説明します（第2章4参照）。

(B) 公認会計士・税理士

M&Aにおいては、会計や税務の専門知識と経験が不可欠です。M&Aの検討は会計や税務の問題からスタートすることが多く、また、何よりも会計面や税務面の検討をせずにM&Aの手法を比較して選択し、それを実行することは不可能だからです。そのため、公認会計士や税理士といった専門家

に協力を依頼する必要があります。従来からつき合いのある顧問税理士や公認会計士を選定することも多いと思いますが、M&Aのスキームは多様ですので従来からつき合いのある税理士や公認会計士が必ずしもその種のスキームに関する専門的知識と経験をもっているとは限りません。そのような場合にはM&Aを専門分野の1つとして対応している公認会計士や税理士のサポートを得ることが不可欠です。

(C) 弁護士

M&Aは法律と契約に基づいて進められます。そのため、弁護士の関与も不可欠です。弁護士は、M&Aの当事者と外部協力者との間の契約内容の確認、M&A当事者同士の秘密保持契約書・基本合意書・最終合意書の契約書の作成や確認、買い手側では対象会社（売り手）の法的監査の実行、全体的なスキームの決定における法的観点からの検討などの場面で関与することになります。弁護士は、当事者いずれかの立場で当事者の代わりに可能な限りリスクヘッジを行い、安全・安心にM&Aが実行されるように、また、M&Aが実行された後も事業がスムーズに進められるようにアドバイスをします。弁護士に協力を依頼するにあたってもM&Aにおける経験と実績が豊富な弁護士を選定することが必要です。

(D) 社会保険労務士

社会保険労務士は、労働・社会保険に関する法律、人事・労務管理の専門家です。M&Aでは、会社や事業の承継に伴い、従業員の労働関係に関する対応が不可欠になりますので、場合によっては、社会保険労務士にもアドバイスを受けながら手続を進めていくことも必要です。

(E) 司法書士

司法書士は、登記・供託手続、裁判所・法務局・検察庁等に提出する書類の作成、成年後見人等の財産管理業務などを行う専門家です。M&Aに関連して法人登記を行ったり、M&Aの対象財産に不動産があり当該不動産の移転登記申請を行う必要があったりなど、M&Aの遂行に向けた過程で登記業

務が必要になる場合に、司法書士にもアドバイスを受けながら手続を進めていく必要があります。

　(F)　行政書士

　行政書士は、役所に提出する許認可等の申請書類の作成並びに提出手続代理、遺言書等の権利義務、事実証明および契約書の作成等を行う専門家です。M&Aに関連して許認可の主体の変更を行ったり、M&Aの手続に際して権利義務・事実証明に関する書類（契約書、議事録、図面類など）の作成等を行ったりする場面で、行政書士にアドバイスを受けたり、必要な手続を依頼しながらM&Aを進めていく場合もあります。

　(G)　その他の関与者

　これらの外部専門家以外にも、環境問題コンサルタントや中小企業診断士など、M&Aの当事者となる会社や事業の特性に応じて、さまざまな外部協力者の協力が必要になる場合があります。

## (3)　外部協力者の選定方法

　つき合いのある金融機関や専門家から紹介を受けたり、インターネットを通じて多くのM&AアドバイザーやM&A仲介会社を検索することもできます。ですが、インターネットで検索される情報のみを鵜呑みにしないことが必要です。外部協力者ごとにノウハウや能力や誠実性には大きな差があります。

　M&Aは多くの企業にとって、一度あるかないかの重要な局面です。経営者や経営者の家族、取引先や従業員やそれらの家族だけではなく、地域経済の現在と将来にも大きな影響を及ぼし得る重要な選択の機会です。私は弁護士として、M&Aの当事者と外部協力者との間のトラブルや紛争の解決に何件も対応してきましたが、外部協力者を選定するに際して一番リスクが低いのはやはり「信頼できる人からの紹介」だと思います。

## 6 M&Aは必要な場面で考える？

当事者の誤解

### (1) 会社や事業の成長のライフサイクル

「M&Aは必要になったら考えればよい」とお考えの方も多いのではないでしょうか。どのような企業や事業者も自社の商品を製造したり、販売したり、サービスを提供したりすることが本業です。本業に専念することは当然のことだと思います。ただ、前述したとおり、M&Aは検討を開始してから実行に移すまでに一定の期間が必要になります。日に日に変化が速くなる社会情勢の中で、必要になったからM&Aを検討するというのでは、遅きに失する場合も多いものです。そのため、「M&Aは必要になったら考えればよい」という発想ではなく、経営戦略の効果的な手法として、M&Aを意識しながら日々の業務を行っていくことが望ましいと思います。ご存知の方も多いと思いますが、会社や事業にはライフサイクルがあり、①創業期、②成長期、③成熟期、④衰退期の流れをたどると言われています。［図1－6－1］（会社や事業のライフサイクル）をご覧ください。会社や事業は、①創業期、②成長期、③成熟期、④衰退期という過程を経て成長から衰退に向かっていきます。M&Aは、いずれのステージにおいても検討すべき効果的な戦略です。以下、それぞれのステージについて、順に説明していきます。

### (A) 創業期

会社や事業を一から立ち上げるのは簡単なことではありません。もちろん創業するという行為自体にも何ごとにも代えがたい魅力があると思います。

[図1－6－1] 会社や事業のライフサイクル

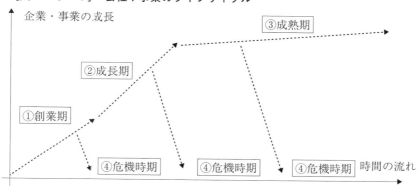

でも、わざわざ苦労して会社や事業を立ち上げるよりは、既存の会社や事業を買って、そこからスタートできたほうが、成長のスピードを速めることができます。たとえば、既存の店舗の経営権を買ったり、休眠会社の権利をもらったり、引退する社長から後継者として経営権を譲ってもらったりと、スタートアップの段階でM&Aを活用したさまざまな方法が考えられます。また、既存の会社が新規の事業分野への進出を検討したり、すでに事業展開している事業エリアから新しいエリアに進出したりする場合にも、M&Aを活用することで、より短期間で事業を軌道に乗せることが可能になります。M&Aを活用することで、ゼロから始めるよりは圧倒的に時間を短縮できますし、早期に事業基盤を確立することも可能ですし、すでに知識と経験のある従業員を雇用することもできます。創業期にはM&Aのための資金がないことも多いと思われますが、手元に一定の資金があったり、すでに一定の事業基盤が確立したうえで新規事業に進出したりするような場合には、成長速度を高めて、安全かつ確実に事業を軌道に乗せるためにも、M&Aを検討することが有益です。

(B) 成長期

会社や事業には、売上が、1億円、3億円、5億円、7億円、10億円など、

売上規模に応じた成長の壁があると言われます。経営者個人の営業力や人脈を通じて、時間をかければ売上10億円程度までは何とか成長させることができても、そこから先の成長を望む場面では、M&Aを検討することが有益です。時間をかけて、商品やサービスを成長させていけば、売上規模に応じた成長の壁を突破していく可能性もあると思いますが、とにかく時間がかかります。日頃多くの経営者の方と話をしますが、寝ないで働いたり、寸暇を惜しんで休みもとらずに仕事に没頭したりしながらも、どこかのタイミングで必ず成長の壁に直面して、もどかしい思いをされている経営者が多いように感じています。あるタイミングで、ほとんどの経営者は、ふと足を止めて「このままのやり方で企業を成長させていけるのだろうか」「このままのやり方だとこれ以上の売上を確保するのは難しいのではないか」「このままのやり方が2年後も3年後も通用するのだろうか」「うちの商品は5年後も、市場で、今と同じような評価を得ていることができるのだろうか」といった感想をもつ場面に出くわします。そのような場面で必要なことは現状を打破するための新しい視点での経営戦略です。M&Aには、会社や事業の成長の速度を高めたり、レバレッジを利かせて会社や事業を飛躍的に成長させたりできる可能性があります。会社や事業の成長を速めたり、会社や事業の成長の壁を打ち破ったりするためにも、M&Aを検討することが有益です。

(C) **成熟期**

会社や事業の経営が安定してきたり、会社や事業の商品やサービスが成熟したりしてくると、会社や事業の成長スピードは和らいできます。この段階がいわゆる「成熟期」とよばれる状態です。この成熟期までに、すでに相応の時間を費やしてきた会社や事業の場合、経営者は、ゆっくりと事業承継を検討し始めることになります。とりわけ、近年は事業承継に絡んだM&Aに関する相談を受ける機会も増えてきています。どんなに優秀な経営者も人間です。人間である以上は、加齢や健康上の問題によって、経営に対する意欲や能力が衰えることはやむを得ません。経営者個人が衰えていく一方で、

会社は、事業を維持することができる限りは、いつまでも存続できる可能性があります。しかし、M&Aを安全・確実に行おうとすると時間がかかります。そのため、事業承継の手法としてM&Aを検討する場合には、できるだけ早い段階で検討を始めたほうが望ましい結果を得られる可能性が高まります。また、このような事業承継型のM&A以外にも、たとえば、早期に成熟期に達した会社や事業の場合、経営者は会社や事業をさらに新しい成長期に進めるために新規の経営計画の立案を行ったりすることもあろうかと思われます。もしくは、同業他社などから「会社や事業を買ってほしい」などとM&Aの話がもち込まれる場合もあろうかと思われます。このように、すでに成熟期に達した会社や事業において、事業承継のための方法として検討したり、新しい成長期に突入するために検討したりするためにも、M&Aは有益な方法です。

(D) **危機時期**

人間が風邪をひいたり、病気になったりするのと同じように、会社や事業も、外部環境の変化、重大なクレーム、経営上看過できない訴訟問題や取引上のトラブル、内紛、役員や重要な従業員の退社や引き抜きなど、さまざまな要因で不健康な経営状態に陥ることがあります。そのような個別の事象が生じるたびに、弁護士に相談したりしながら対応を進めていくのが一般的です。弁護士に相談したうえで対応することで、不健康な経営状態から脱することができることも多いと思いますが、そのような状態から脱することができず、将来の企業経営を危うくしてしまうような重篤な状態に陥ってしまうことも少なくありません。たとえば、複数の事業を展開している企業の中に、健全に経営できているA事業部門と、経営不振の状態にあるB事業部門があって、B事業部門が企業の全体に悪影響を及ぼしていて、このままでは企業全体が倒産状態に陥ってしまいそうなケースがあります。このようなケースでは、M&Aの手法を活用してB事業部門だけを本体から切り離して清算することで、健全なA事業部門を中心として企業の再建をめざしていき

ます。これは事業再生の一手法ですが、危機時期における再建手法の1つとしても、M&Aは有効な選択肢として活用されています。

[図1－6－2] 危機時期における手続とM&A

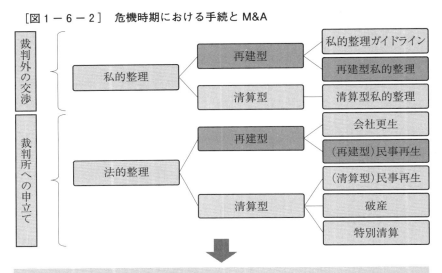

すべての手続においてM&Aにより事業を一部分だけでも存続させることができないかを検討する

## (2) 日頃から経営者が考えておくべきこと

このような説明をさせていただいても、「M&Aなんて日頃から考えられないよ」とか「M&Aは必要になったときに考えるから今は事業に集中するよ」といった回答が返ってくることが多いものです。このような反応も理解できますが、すでに述べたとおり、M&Aを安全・確実に行うためには、ある程度の時間をかけざるを得ません。そのため、いざ必要になってからM&Aを検討するという姿勢では、必要な状況の中でタイムリーにM&Aを実行することは不可能です。平常時の会社や事業の経営戦略上の一手法とし

てM&Aを意識しておき、いざというときにM&Aを実行しやすいように企業の組織体制を構築したり、事業の運営を行ったりできるようにしておくことが肝要です。

### (A) 売り手の立場で考えておくべきこと

まず、売り手の立場で考えておくべきこととしては、自社の「強さ」「弱さ」といった特徴を把握しておくことです。M&Aの中で、売り手が最も関心をもつことは「いかに自社を高く評価してもらうか」ということです。自社の魅力を最大限評価してもらうためには、日頃から自社の「強さ」「弱さ」を把握したうえで、強いところはしっかりとその価値を伝えられるようにしておく、弱いところはしっかりとそれを補って手当てしておくことが必要です。そのような「強さ」「弱さ」に対する手当ては時間がかかるので、いざ、M&Aの検討段階に入った後に手当てを行うのでは手遅れです。平常時からの心掛けが大切です。日頃から企業価値を高める努力をし、かつそれを外部からも高く評価してもらえるように意識しながら経営を行っておくということが大切です。

### (B) 買い手の立場で考えておくべきこと

次に、買い手の立場で考えておくべきこととしては、M&Aを意識した経営戦略を立てて事業を運営するということです。M&Aの成否を分けるのは、M&Aを実行した後のオペレーションです。多くのM&Aでは、実行後に生じる従業員のストレスや、煩雑な事務作業が発生して、想定していたシナジーを実現するのに時間がかかってしまいます。このような事態を防ぐためにも、日頃からM&Aを受け入れやすいように、組織体制を整備したり、役員や従業員のマインドを整えておいたり、業務フローを見直しておいたり、請求書の発送や会計に関するルール等のさまざまな社内のルールを整えておくことが必要です。このような手当ては一朝一夕にできることではありません。どうしても目先の売上増大や利益確保に目が奪われがちですが、M&Aの効果を最大限に享受するためには必要なことなのです。

[図1－6－3] M&Aはどの時期でも考える

【会社や事業者側の状況】
各事業分野をとりまく環境は想像以上の速度で変革する。

【変革への対応】
経営戦略上は①創業期でも②成長期でも③成熟期でも売り手側としても買い手側としてもM&Aへの対応を検討しておくほうが賢明である。

# 7 | 当事者の誤解　情報管理はそんなに大事？

## (1) 情報管理の重要性

　M&Aの当事者が上場企業の場合、M&Aに関する情報の多くはインサイダー情報に該当しますので、情報管理の徹底を心掛けなければならないのは当然のことです。そして、上場企業のように厳しい情報開示のルールが適用されることはありませんが、情報管理は中小企業にとっても重要です。売り

[図1-7-1]　上場企業における情報開示

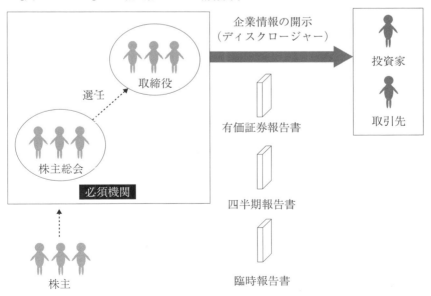

手であっても、買い手であっても、M&Aに関する不確実な情報は、従業員、取引先、顧客に信用不安を蔓延させるだけで百害あって一利もありません。その会社や事業者の資金繰りの状況によっては、M&Aに関する不確実な情報が出回ることで、金融機関から融資を引き上げられたり、借り換えに応じてもらえなくなったり、取引先から取引を打ち切られたりすることもあり得ないことではありません。このような信用不安が生じた場合、成功するはずのM&Aも失敗に終わります。

### (2) 具体的な情報管理の方法

情報管理が重要だとして、問題はどのように情報を管理するかです。M&Aの当事者や外部協力者などとの間で秘密保持契約を締結するのはもちろんのこと、秘密情報を社内の一定の場所に鍵をかけて厳重に管理したり、データファイルにもパスワードを設定したりするなど、物理的にも十分な情報管理を行うようにする必要があります。このように、秘密保持契約を締結したり、物理的に秘密情報を管理する体制を整えたりする以外にも、とにかく情報に関与できる人を限定することが重要です。多くの人が関与すればするほど、情報が漏えいするリスクが高まります。社内で関与する人間自体を

［図1－7－2］　情報管理の方法

【情報管理の重要性】
大企業だけではなく中小企業でも情報管理が生命線である。

【情報管理の方法】
① 関係者とは秘密保持契約を締結する。
② 機密扱いとし情報は物理的にも厳重に管理する。
③ そもそも情報に接することができる人間を限定する。

限定するとともに、社外でも関与する人間を限定することが大切です。

## (3) M&Aの実行後の情報管理も忘れずに

　M&Aの実行過程での情報管理も大切ですが、それ以上に注意が必要なのは、M&A実行後の情報管理です。M&Aに関する世間のイメージはずいぶん変わってきましたが、それでも、情報管理を徹底していかなければ、売り手の会社には「身売り」「経営が傾いた」「経営悪化」「存続を断念」などのマイナスのイメージがついてしまいますし、買い手の会社にも「乗っ取り」「買い叩き」「ハゲタカ」「ハイエナ」などのマイナスのイメージがついてしまうことがあります。いったん世の中からこのようなマイナスのイメージをもたれてしまうと、苦労してM&Aを行ったとしても、その後の事業の存続や成長にとって大きな足かせになりかねません。このような事態が生じると売り手も買い手も誰も得しないM&Aになってしまいます。そのため、M&Aの実行後には、積極的な広報戦略を行うことが必要です。具体的には、自社のホームページだけではなく、新聞やテレビや地元の経済紙などの記者を集めてプレスリリースを行うなど、一方的な憶測による報道がされないように、当事者の側で積極的な広報戦略活動を行っていくことが大切です。M&Aの当事者が日頃から情報開示を義務づけられている上場会社の場合には別ですが、多くの中小企業はこのような情報開示に慣れていませんし、経験もないことがほとんどです。そのため、積極的な情報開示を行うことなく、漫然と放置してしまうので、後味の悪いM&Aになってしまったり、その後の事業戦略上、買い手が想定していたM&Aによるシナジーを十分に享受することができなくなってしまったりすることがあるのです。そのため、中小企業のM&Aであっても、M&Aを成功に導くためには、誰かから噂や憶測に基づく情報が流れる前に、また、勝手によけいな詮索をされないように、当事者が積極的に情報をコントロールしていく姿勢が大切です。

第1章　M&Aにおける誤解

> 売り手の誤解

## 8 | 赤字や債務超過の会社は売れない？

### (1) うちの会社は売れるか

　M&Aの売り手側の経営者の方と話をしていると、「そもそもうちの会社は売れるのですか？」「会社が売れること自体はわかりましたが、価格はどのように決まるのですか？」「うちの会社は上場企業ではないので株価もわかりませんよね？」といった質問をされることがあります。確かに、上場している企業であれば、市場価格があって株価も明確ですので、ある程度の値段を算定することができると思います。未上場の企業については市場価格がわからず、普段から株価を意識する習慣もないでしょうから、このような疑問を抱くこともわからなくはありません。ですが、未上場の企業であっても株価は存在します。明確な金額がわからないことと、価格がないことは違う概念なのです。

### (2) 赤字や債務超過会社でも売ることは可能

　また、このような話の流れで、「M&Aは黒字の会社でないと買い手もみつかりませんよね？」「赤字の会社は売れませんよね？」「債務超過の会社だと売れませんよね？」「うちは5年間赤字が続いているのですが、そのような会社は売れませんよね？」などと尋ねられることがあります。確かに、利益が出ていて、資産超過の会社のほうが、買い手にとっては魅力があると考えてしまうことも理解できます。ですが、赤字や債務超過の会社でも、魅力

がないわけではありません。債務超過はあくまで貸借対照表上の話にすぎませんし、利益が出ている、利益が出ていないということについても損益計算書上の話にすぎません。M&Aにおいては、このような数値だけが判断の基準になるわけではないのです。会計上の数値に表れていないものでも評価されて値段がつくことがあるのです。

## (3) 何に値段がつくのか

それでは、M&Aにおいて、どのような点が評価され、値段がつくのでしょうか。たとえば、思いつくだけでも、以下のようなものがあります。

### (A) 商品や技術やサービス力

まず考えられるのは、売り手の商品の性能や技術力やサービス力です。たとえば、優秀な営業マンがたくさんいるのに取り扱っている商品が今ひとつのため業績が伸びない会社では魅力ある商品が欲しいはずです。また、良い商品を扱っているのに広告宣伝力や販売力が今ひとつのために、業績が伸びない会社では、宣伝力や営業力のある人材が欲しいはずです。さらに、商品や技術力があっても、社員の接客やメンテナンスなどのアフターフォローができないために業績が伸びない会社は、その種の業務に経験と実績のある人材やマニュアルやノウハウが欲しいはずです。

### (B) 取引先や取引実績

次に考えられるのが、売り手の取引先や取引実績です。たとえば、設立後間もない会社で、まだ世間から高い評価を受けていないような会社であれば、簡単には大企業と取引ができない場合も多いと思います。そのような会社にとっては、大企業との取引実績がある会社は大変魅力的なはずです。そのため、売り手の会社が赤字や債務超過であっても、そのような取引実績が高く評価されることも少なくありません。

### (C) 顧客リストや顧客の属性情報（パーソナルデータ）

続いて、顧客リストや顧客の属性情報（パーソナルデータ）も会社の財産

です。これらの情報は会計面には表れてこないかもしれません。しかし、企業や会社の有する大切な財産です。見込み客のリストがあれば、後はアプローチの方法を変えるだけで、業績の改善につなげることもできるからです。

### (D) 人　材

専門的な知識や技術をもつ技術者や、長年の経験をもつ職人や、優秀な成績をあげる営業マンや販売員なども会社や事業にとって価値のある資産です。どのような企業であっても「優秀な人材がいない」「できるだけ優秀な人材を採用したい」「当社にあった優秀な人を探している」などと優秀な人材獲得のニーズは高いものです。しかも前述したようにこれからの時代は生産年齢人口が大幅に減少していきます。そのため、優秀な人材は、買い手にとって非常に魅力的なものです。実際のM&Aの場面でも、最終合意書などに「キーマン条項」といって「どうしても獲得したい人材を買い手が承継できることをM&Aの有効要件にするような条項」が設けられることもあるくらいです。

### (E) その他

そのほかにも、本社や店舗や工場がある立地、歴史、市場占有率、看板などののれん、情報、人脈、従業員が保有している資格など、これらは必ずしも決算書上の数字に反映されていませんが、会社や事業の価値にほかなりません。M&Aにおいてはこれらも資産としてM&Aの価格に加算され得るポイントです。

## (4) 売り手での取組み

人は自分のことは他人ほどわかりません。M&Aの売り手も同じです。自社の魅力に気づかないままM&Aの検討を進めてしまうと、自社の魅力や事業価値を低く見積もられて、安い金額で大切な会社や事業を手放してしまうことにつながりかねません。そのため、M&Aの検討をする前に、今一度、自社の「魅力の棚卸し」作業を行っていただきたいと思います。そして、魅

力の棚卸しの後に必要なことは「魅力の磨上げ」作業です。魅力があることと、魅力が伝わることは違います。せっかく魅力があっても、それが伝わる形になっていないのであれば意味がありません。たとえば、顧客リストを十分に整理しておくとか、自社の魅力をパンフレットなどの形で伝わりやすいように整理しておくなど、平常時にできることはたくさんあります。売り手としてM&Aを検討する際には、平常時の「魅力の棚卸し」と「魅力の磨上げ」作業が重要ですので、それらを行ったうえで、M&Aの検討を進めることが大切です。

[図1-8-1] 売り手の会社や事業の価値

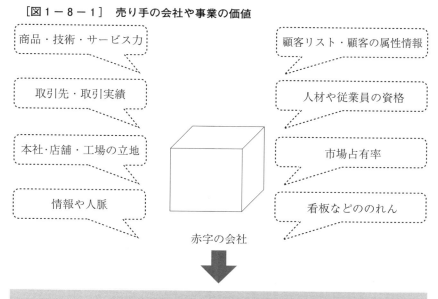

第1章　M&Aにおける誤解

> 売り手の誤解

## 9　経営権を完全に手放さないとダメ？

### (1)　経営権はどうなるか

　M&Aの売り手側の経営者と話をしていると、「会社を売却すると経営権を手放さなければいけませんよね？」「会社を売却してしまうと会社の経営には関与することはできませんよね？」「会社を売却した後に社員がきちんと頑張っているか見届けたいのですが、できませんよね？」「会社を売却した後に取引先との関係がうまく続いていくかが心配です」といった質問を受けることがあります。きっと経営者としても、自分の人生の最も多くの時間を費やして大切に育て上げてきた会社や事業を売却してしまうのは、身体の一部を切り離すがごとく、心配も尽きないのだと思います。責任感の強い経営者ほどそのように感じる傾向が強いものです。しかし、会社や事業の売却は、必ずしも経営権の放棄につながるわけではありませんし、売却後もM&Aの対象となる会社や事業に関与するスキームを用いることも可能です。M&Aは売り手と買い手の合意で成立し、実行されるので、そのような合意をしておけば、経営権を維持しながらM&Aを行うことは可能なのです。

### (2)　経営権を維持したり経営に関与したりしながらのM&A

#### (A)　M&Aの方法

　経営権を維持しながらのM&Aの方法について説明する前に、M&Aの手続の全体像を説明しておきます。［図1－9－1］（M&Aの方法）をご覧く

ださい。一般的なM&Aの方法としては売り手の会社のオーナーが自分の持っているすべての株式を譲渡するといった「株式譲渡」という手法が知られていると思います。ですが、M&Aには実に多種多様な方法があるのです。株式譲渡か事業の全部譲渡の方法ばかりが取り上げられて、それがすべてのように誤解されていることがありますが、M&Aの手法は株式譲渡と事業譲渡だけではありません。売り手の経営者がそのような誤解を抱いてしまうのは、外部協力者からの間違った情報や経営者が参加したM&Aについてのセミナーで学んだ誤った情報が原因であるように思います。

[図1-9-1] M&Aの方法

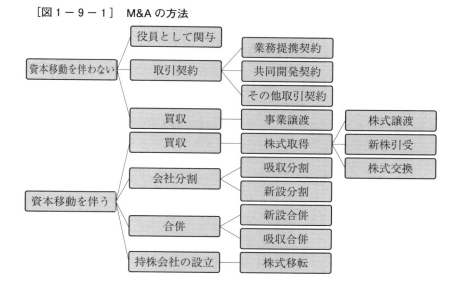

これらの各手法の詳細については「第3章 M&Aの具体的方法」で後述しますので、ここでは「M&Aにはこんなにたくさんの方法があるのだ」ということだけを理解してください。そして、この多種多様な方法を活用することで、売り手の経営者が、経営権を維持したり、経営に関与したままでM&Aを行うことができるのです。以下では、その例をいくつか紹介します

が、これらがすべてではありません。繰り返しになりますが、多種多様なM&Aの手法の中の具体的な内容は、売り手と買い手の合意で決定することができるのです。そのため、売り手の望むM&Aの形を実現するために多種多様な選択肢の中から最適な方法を選択していくことが大切です。

　(B)　方法1（取引契約を活用する）

　まず、［図1－9－1］（M&Aの方法）の「資本移動を伴わない」M&Aの方法の中に「取引契約」というカテゴリーがあります。そしてその中に「業務提携契約」「共同開発契約」「その他取引契約」といった項目が列記されています。本書では、M&Aを、①会社や事業の全部または一部を売る、②会社や事業の全部または一部を買う、③会社や事業を一緒にやることとして広くとらえるという説明をしましたが、これらのカテゴリーは「③会社や事業を一緒にやる」ということです。相手と拘束力の強い契約を締結して強力な提携関係の中で一緒に事業を行っていくわけです。そして、内容はあくまで当事者間の合意（＝契約）で定めますので、具体的内容の定め方によっては、経営権をそのままにしたうえで、M&Aの効果を実現できる方法の1つなのです。

　(C)　方法2（事業の一部譲渡や会社分割を活用する）

　次に、［図1－9－1］（M&Aの方法）の「資本移動を伴わない」M&Aの中に「買収」というカテゴリーがあります。そしてその中に「事業譲渡」という項目が記載されています。事業譲渡は相手と「事業譲渡契約」を締結したうえで進める手続ですが、その具体的内容はあくまで当事者間の合意（＝契約）で定めます。そのため、売り手が買い手に譲渡する対象を「事業の一部」とすることによって、売り手の会社や事業の本体の経営はそのままにしておきながら、事業の一部だけを切り離すことが可能です。同じく、［図1－9－1］（M&Aの方法）の「資本移動を伴う」M&Aとして「会社分割」という項目が記載されています。こちらも売り手と買い手の「会社分割契約」に基づいて手続を進めることになるので、事業譲渡と同様に、売り

手の会社や事業の本体の経営はそのままにしておきながら、事業の一部だけを切り離すことが可能です。

(D) 方法3（段階的な株式譲渡を活用する）

さらに、［図1－9－1］（M&Aの方法）の「資本移動を伴う」カテゴリーの中に「株式取得」の項目が記載されていて、その中に「株式譲渡」があります。株式譲渡も事業譲渡や会社分割と同じく、売り手が買い手と「株式譲渡契約」を締結する方法で進めることになります。事業譲渡や会社分割と同様にあくまで当事者間の合意（＝契約）で、その内容を定めるので、売り手が買い手に譲渡する対象を「株式の一部」にしたり、「段階的に株式を譲渡する」という内容を定めたりすることで、売り手の会社や事業の経営権をそのままにしつつ、経営権を段階的に相手に渡していく等、柔軟なやり方で、売り手の希望する態様でのM&Aを行うことが可能です。

(E) 方法4（一定の立場で経営に関与する）

また、事業を全部譲渡したり、株式を全部譲渡したりしつつも、売り手の会社や事業の経営者が一定の立場を保ちながら、M&Aを実行することも可能です。たとえば、売上規模が10億円くらいまでの会社では「経営者＝会社や事業」という会社が多いように思います。そのため、このような中小企業のM&Aでは、むしろM&Aの条件として買い手から「M&Aで経営権を譲渡してもらった後も、一定の立場で経営には参画し続けてほしい」といったリクエストがあることも多いのです。そのような場合には、買い手から「会長」「顧問」「相談役」などの肩書をもらい、売り手の経営者も引き続き事業の経営に参画していくことになります。

## 10 売り手の誤解 会社は会社にしか売れないのか？

### (1) 会社の売却先は外部の会社？

M&Aというと会社間での経営権の委譲というイメージがあります。そのため、「会社の売り先は外部の会社」というイメージがあるかもしれません。ですが、買い手は必ずしも外部の会社である必要はありません。もちろん多種多様なM&Aの手法の中には、合併や会社分割や株式交換などM&Aの相手が会社であることを想定している手続もあります。しかし、事業譲渡や株式譲渡など、必ずしもM&Aの相手を外部の会社を想定しているわけではない手続もたくさんあります。ですので、まずは「会社の売り先は外部の会社」という先入観を捨てることが必要です。

### (2) MBO

そのような中で、最近、相談を受ける機会が増えてきているのは、「社内に自分の後継者にしたい人物が取締役でいるので、その取締役に会社を譲りたい」といった事業承継絡みのM&Aの相談です。「会社の売り先は外部の会社」でなければならないというのは誤解ですので、多様なM&Aの方法の中から「会社の売り先を社内の個人」にするM&Aを実行することも可能です。このように従前のオーナー経営者から、会社の経営陣の1人である取締役等が当該会社の株式の譲渡を受けるような方法でM&Aを行うことを「MBO」といいます。MBOというのは「マネジメント・バイアウト

（Management Buyout）」の略語です。

## (3) EBO・MEBO

MBO は経営陣に会社を譲る方法ですが、従業員に会社を譲る方法もあります。このように、従前のオーナー経営者から、会社の従業員が当該会社の株式の譲渡を受けるような方法で M&A を行う場合を「EBO」といいます。EBO というのは「エンプロイー・バイアウト（Employee Buyout）」の略語です。さらには、従前のオーナー経営者から、経営陣と従業員が共同で当該会社の株式の譲渡を受けるような方法もあります。このような方法を「MEBO」といいます。MEBO というのは「マネジメント・エンプロイー・バイアウト（Management Employee Buyout）」の略語です。

## (4) MBO・EBO・MEBO の課題と方法

MBO や EBO が行われる場合の一番の課題は、買い手側が買取りのための資金をどのように調達するかです。経営権の承継を受ける取締役や従業員が、経営権を購入するための十分な資産を有していない場合がほとんどだからです。そのような場合には、従前のオーナー経営者から取締役や従業員に株式を譲渡する際の対価を分割払いにしてもらったり、金融機関から譲渡対価を資金調達したりといった方法がとられます。実際に私が関与したケースでは譲渡対価を分割払いにして段階的に経営権を承継していく方法で行ったものがあります。時間はかかりましたが、経営権も段階的に引き継がれていくので、社内外での混乱が生じることもなく、スムーズに承継を完了することができました。いずれにしても、会社は会社にしか売れないというのは誤解です。個人に対しても売ることが可能です。また、売却先にお金がなくても、会社を売ることは可能です。現時点ではお金がなくても、将来的にお金を用意する方法を考えていくやり方はいくらでもあるからです。

第1章 M&Aにおける誤解

[図1－10－1] MBOのイメージ

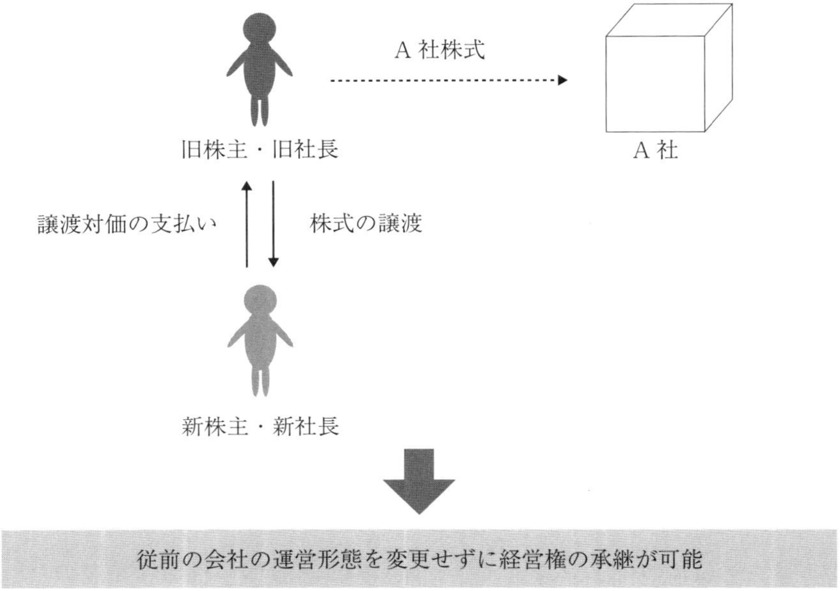

旧株主・旧社長 ──A社株式──▶ A社

譲渡対価の支払い ↑↓ 株式の譲渡

新株主・新社長

⬇

従前の会社の運営形態を変更せずに経営権の承継が可能

## 11 売り手の誤解　会社の売り時は今？

### (1) 売り急ぐと悲劇につながる

　M&Aを実行した後に、売り手も買い手も「M&Aをしてよかった」という感想をもてるわけではありません。むしろ、売り手は「大切な会社をこんな形で売らなければよかった」「もっと企業の価値を高く評価してもらえる相手に売るべきだった」「もっと事業を大切に考えてくれる相手に売るべきだった」「もっと従業員の将来を大切に考えてくれる相手に売るべきだった」などと考えてしまうことも多いのではないかと感じています。このような事態が生じてしまう原因の1つに「売り手が会社を売り急いだこと」があります。普通に考えても、会社の経営がうまくいっているときに、自分の会社や事業の売却を検討する必要はありません。売り手は会社を売らなければならない必要が生じてからM&Aを検討し始めるのが通常です。たとえば、大口の取引先との取引契約が終了してしまったり、経営者が体調を崩してしまったり、経営者が事業意欲を失ってしまったり、国の方針の転換で既存の事業を今の状態のまま続けていくことができなくなったという事態が生じてから初めて、M&Aの検討を開始するのです。そして、十分な時間的猶予がないまま、手続を実行することになります。

### (2) M&Aを意識すべきタイミング

　しかし、このように売り手の売却ニーズが顕在化した段階でM&Aを検討するのでは、よほど体力のある会社や企業は別ですが、遅すぎます。M&Aを売り手側として進める場合には、M&Aの検討や、M&Aの手続に

入るまでの期間が十分あるに越したことはありません。時間があれば、その時間を利用して会社や事業の「魅力の棚卸し」や「魅力の磨上げ」を行い、会社や事業を買い手のつきやすい体質に改善したり、売り手のニーズを十分に満たしてくれる相手を、時間をかけて慎重に探したりすることが可能になるからです。そのため、繰り返しになりますが、有事の際の備えとして、M&Aを売り手側で進めることができるように意識しながら平常時の会社や事業の運営を行っていくことが必要なのです。

### (3) 名義株の問題の解決を

売り手が平常時に対応しておくべきことの1つに「名義株」の問題があります。名義株というのは株主名簿上の株主と真の株主が一致しない株式のことをいいます。1990年に商法が改正されるまでは会社を設立する際に、最低7名の発起人が必要とされていました（1990年（平成2年）改正以前の旧商法165条）。そして、発起人は1人最低1株を引き受ける必要があったために、他の人から名前を借りて、株主としていたのです。そのため、1990年以前に起業した会社では、この名義株の問題が残っている可能性があります。

そして、この名義株はM&Aにとっては大きな阻害要因になります。株主が権利行使するためには株主名簿に記載される必要がありますが（会社法121条、124条）、株主になった経緯は考慮されません。そのため、形式上、株主名簿に記載されている人が株主としての権利を行使できることになってしまいます。株主名簿上の株主に相続などが発生すれば、会社は全く関係のない第三者から株主としての権利を行使されることになってしまうわけです。名義株の問題を放置しておくことは、会社経営上の大きなトラブル要因になる可能性が高いのです。

名義株の問題を解決するためにはある程度の時間を要します。そのため、M&Aを検討する前の平常時の時間があるときに、名義株の問題を解決しておくことが必要です。名義株の問題の解決方法については、［図1－11－1］

（名義株の問題と解決方法）と［図1－11－2］（全部取得条項付株式の利用）をご確認ください。そして、もし株式の帰属についての争いが生じた場合には、①そもそも株式取得者は誰か、②名義株にした目的、③名義貸人と名義借人との合意の内容、④これまでの株式配当の状況、⑤これまでの株主としての権利行使状況などの事情が総合的に判断されることになるので、常日頃から、これらの事情を主張立証し得る資料をそろえておいて有事に備えておくことが重要です。

［図1－11－1］ 名義株の問題と解決方法

1．名義株主からの理解と協力が得られる場合

【対応】
① 名義株主から実質株主ではないこと等の一筆をとる。
② 株主名簿の書き換えを行う。

2．名義株主から理解や協力が得られない場合

【対応】
① 株主としての権利行使をさせないようにする方法
　　種類株式の活用（議決権を制限する）
② 株主としての影響力を弱める方法
　　株式併合や単元株の利用
③ 強制買取りを行う方法
　　全部取得条項付種類株式による買取り
④ 株主としての地位を争う方法
　　確認訴訟の提訴など

[図1−11−2] 全部取得条項付株式の利用

【全部取得条項付種類株式の利用方法】

① 株主総会の特別決議により定款変更を行い種類株式を発行する旨の定めを設ける。

② 株主総会および種類株主総会の特別決議により普通株式に全部取得条項を付す旨の定めを設ける。

③ 株主総会の特別決議により全部取得条項付種類株式の取得を決議し少数株主に交付される種類株式が1株未満になるように設計し金銭交付により少数株主を排除する。

## (4) 急にM&Aの売却ニーズが出てきたときの対応

　売り手にとって、平常時の備えが大切だということがわかっていても、急にM&Aの売却ニーズが出てきてしまうことは避けられません。そのような場面では「このままだと会社も自分も従業員も全員が共倒れになってしまう」という気持がはやり、どうしても「早く売りたい」という意識が先行しがちになります。しかし、このような事態が生じたときこそ慎重な対応が必要です。これまで何件もの中小企業のM&Aを担当してきましたが、売り手の経営者の心労は相当なものです。M&Aの手続が進行している過程でも「とにかく早く決着をつけて楽になりたい」という心理が芽生えてくるのは理解できます。最初は意気揚々としていた経営者も時間が経つにつれて、早く決着をつけたいという意識が強まってきて、納得できる契約条件の交渉や

相手の真意の見極めを怠って、売り急いでしまいがちです。そうすると、これまで長年にわたって築き上げてきた会社や事業が結果的に安く買い叩かれてしまい、M&Aの実行後も多くの人を不幸にしてしまうような形でM&Aが終了することになってしまいます。このような形で終了したM&Aは必ず後悔が残ります。M&Aは多くの中小企業の経営者にとって一生に一度あるかないかの重要な局面です。これまで苦労した年月やこれまで支えてきてくれた従業員、家族、顧客や取引先から受けた恩に報いるためにも、慎重な検討と決断を行うことが大切です。

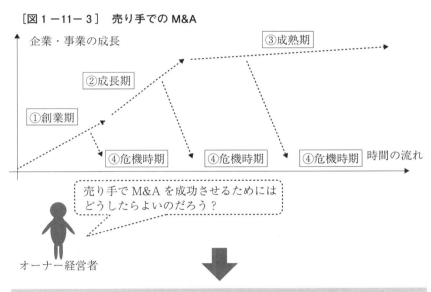

[図1－11－3] 売り手でのM&A

## 買い手の誤解

## 12 M&Aを行えばシナジーが生まれる？

### (1) 買い手のM&Aの目的

　M&Aの買い手側の経営者の方と話をしていて誤解していると感じるのは、「M&Aを行えば自然とシナジーが生まれて事業を成長させることができる」という思い込みをもっている人が多いということです。買い手としてM&Aを行う場合には、これまで買い手の会社や事業者が営んでいる事業に何らかの利益を得るためにM&Aを検討します。ですが、話をよくよくおうかがいしていくと、十分なシナジーを生むために事前に綿密な検討を行ったうえで買い手としてM&Aを進めているわけではないことが多いということです。シナジーについて十分な検討をせずにM&Aを実行した場合には、たいていは、後悔するM&Aになります。そのため、買い手としてM&Aを検討する際には、まずはM&Aによってどのようなシナジーを創出することをめざすのかを、今一度しっかりと検討し、それにかなった形でM&Aを進めていくことが大切です。

### (2) 買い手の期待し得るシナジーとは

　買い手がM&Aで得ることを期待する効果は、会社や事業者ごとに、また、M&Aの手法ごとに、さまざまです。そのため、一概にどのような目的が正しくて、どのような目的が正しくないということはありません。ただ、一般的には、以下のようなシナジーを狙ってM&Aの買い手として名乗り

をあげることが多いように思います。買い手としてM&Aの実行を検討する際の参考にしてください。

### (A) 販路や顧客の拡大や販売拠点の取得

売り手と買い手の情報を共有したり、相互に利用したりすることで販路や顧客を拡大させたり、販売拠点を獲得したりすることで売上の増強につなげることが期待できます。なお、個人を識別可能な顧客情報やパーソナルデータの利用については個人情報保護法等の規制があるので、法律に違反しない態様で進めなければなりませんので注意が必要です。

### (B) 市場支配力の強化

上記(A)とも関連しますが、たとえば、同業種を営む売り手と買い手がM&Aを行うことで、それぞれの市場支配率を合算することができ、市場での競争力を強めることができます。もっとも、売り手と買い手との間で同一顧客を抱えている場合もあります。そのため、必ずしも1プラス1が2になるといった形でシナジーを創出できるわけではありませんので注意が必要です。

### (C) 資金調達力の強化

買い手はM&Aによって、売上規模や事業規模を増大させることができます。それによって、金融機関からの買い手に対する評価が向上し、資金調達力の強化が期待できる場合があります。

### (D) 開発力・技術力・サービス力の向上

開発力や技術力やサービス力に定評のある売り手をM&Aで取得することで、買い手は開発力や技術力やサービス力の向上を図ることができます。また同業種で、売り手も買い手もともに研究開発を行っているような業種の場合にはお互いの研究開発予算を一本化することで、より大規模な研究を行うことができるようになったりすることもあります。

### (E) 人材とノウハウの確保

優秀な経営者や営業マンなどの人材を確保し、その能力を買い手の事業の

中で発揮してもらうことが期待できます。ただし、このようなシナジーを狙ってM&Aを行う場合には、売り手側の経営者や従業員とその会社や事業者は委任契約や雇用契約の当事者の関係になっているので、M&Aの実行に際して、それらの契約が終了されて売り手側の経営者や従業員が買い手側に引き継がれないという事態が生じないように、売り手側としっかりとM&Aの条件を取り決めておく必要があります。

### (F) 信用や知名度の獲得と利用

買い手側の会社や事業者が社歴の浅い会社だったり、一定の地域や分野では全く知られていない会社だったりする場合には、売り手が有する歴史や知名度をM&Aにより取得し、今後の事業展開の中で活用していくことができます。このような場合には、M&Aを実行した後も、あえて売り手の商号や商品名などを存続させて利用するなどして、売り手の信用や知名度を最大限に活用できる方法で、M&A実行後の事業展開を行うことが必要です。

### (G) 管理コストの削減

売り手と買い手の本社機能や管理部門を統合することで、それらの間接部門の機能を一本化することができ、管理コストの削減につなげることが期待できます。また、管理部門を統合することで、対外や対内の情報が1カ所に集約されるしくみをつくることにより、より効果的な情報の活用を行うことがめざせます。

### (H) コストの削減

売り手と買い手が同業種だったり、同一の仕入先から商品を仕入れていたりする場合には、M&A実行後は共同で仕入れを行うことで取引規模を増やし、それによって仕入先からの条件を買い手に有利な条件に変更してもらうことが期待できる場合があります。また、販売拠点の統廃合によって販売コストの削減を狙ったり、物流コストや製造コストの削減を狙ったりすることができます。

(I) その他

上記以外にも、買い手側の規模が大きくなりますので、それによって従業員のモチベーションが向上することもあり得ますし、業種や業態によっては、知的財産権や不動産などの資産を取得することでの直接的なメリットも多々存在し得るところです。

## (3) 負のシナジー

以上のように買い手が期待し得るシナジーとしては多くの項目がありますが、もう1つ買い手が検討しなければならないシナジーとして「負のシナジ

[図1－12－1] 買い手が検討すべきシナジー

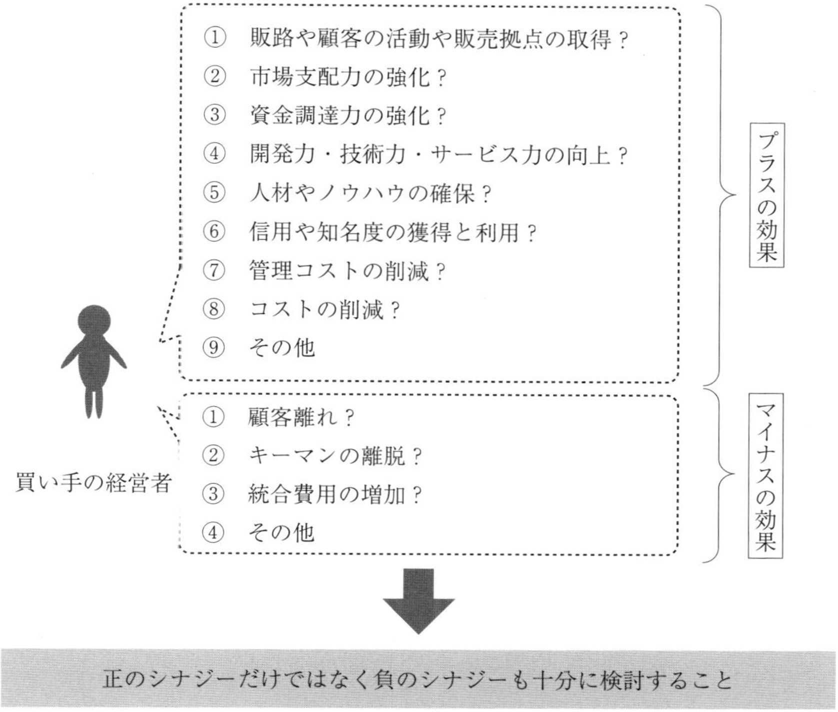

プラスの効果
① 販路や顧客の活動や販売拠点の取得？
② 市場支配力の強化？
③ 資金調達力の強化？
④ 開発力・技術力・サービス力の向上？
⑤ 人材やノウハウの確保？
⑥ 信用や知名度の獲得と利用？
⑦ 管理コストの削減？
⑧ コストの削減？
⑨ その他

マイナスの効果
① 顧客離れ？
② キーマンの離脱？
③ 統合費用の増加？
④ その他

買い手の経営者

⬇

正のシナジーだけではなく負のシナジーも十分に検討すること

ー」というものがあります。M&Aは程度の差があっても、そもそも体質も文化も理念も歴史も全く異なる企業体が合体したり提携したりするものなので、当然、M&Aの実行によるマイナス面の効果も多々存在します。具体的には、M&Aが実行されたことによって、売り手が抱えていた顧客が離れてしまったり、従業員の士気が下がってしまったり、優秀な経営陣の一部や優秀な営業マンなどのキーマンが離れてしまったり、システムを統合する際に想定以上のコストがかかってしまったりとさまざまなマイナス面の効果が発生してきます。買い手としてM&Aを行う場合には、どうしても「正のシナジー」ばかりを想定してしまいがちなのですが、M&Aを成功させるためには、このような「負のシナジー」をしっかり把握したうえで、M&Aを実行できるかにかかってきますので、注意が必要なところです。

## 13 少しでも早く、1円でも安く？

買い手の誤解

### (1) 買い焦ると？

M&Aの買い手側の経営者の方と話をしていると、「少しでも早く、1円でも安く、会社や事業を買いたい」という意向を述べられる方が多いものです。ですが、このようなスタンスがM&A実行後のトラブルや紛争の元凶です。買い手の立場からすれば「早く」「安く」に越したことはありませんが、後でトラブルになるようなリスクを抱えるくらいであれば、最初の段階でしっかりとリスクを見極め、それを価格に反映させたうえで、適正な内容でM&Aを実行したほうが、全体的にみた場合に時間的にも費用的にも効率的です。

### (2) かけるべきところには時間と費用をかける

一般的に、M&Aは、①M&Aの検討開始、②外部協力者の選定と契約の締結、③企業価値評価／買収条件の検討、④候補者の絞込みと選定、⑤候補者と秘密保持契約の締結、⑥基本条件の交渉、⑦基本合意書の締結、⑧詳細調査（デューディリジェンス）、⑨詳細調査の結果に基づく交渉、⑩最終合意書の締結、⑪M&A手続の実行という流れで進められます。この中で、買い手が売り手の会社や事業の内情やそのリスクを見極めるために必要な手続が、「⑧詳細調査（デューディリジェンス）」です。デューディリジェンスの具体的な内容については、「第2章　M&Aの心掛け」の中で詳しく説明し

ますが（第2章5参照）、デューディリジェンスは、公認会計士や税理士、弁護士などの専門家に依頼したうえで、売り手の会社や事業の内情やそのリスク、またM&Aの対価の前提となる売り手の会社や事業の価値を正確に把握するための手続です。デューディリジェンスは、会社や事業の内情を丸ごと確認する作業ですので、どうしてもある程度の時間が必要になりますし、専門家に依頼するためにある程度のコストも発生してしまいますが、M&Aを安全かつ確実に実行するためには必ず経るべき手続です。

　私は、これまで、弁護士としてM&A実行後のトラブルに関する交渉や訴訟対応をしてきましたが、これらの事例の中には、買い手がデューディリジェンスを十分に行うことなく、即断でM&Aを進めてしまったためにトラブルに発展したケースが何件も含まれています。そしてその解決のために、多くの費用や時間や労力を要することになったため、クライアントは口々に「これならしっかりデューディリジェンスをしておけばよかった……」と後悔しておられました。買い手にとっては「かけるべきところには時間をかける」「かけるべきところには費用をかける」といったスタンスが大切です。

## (3)　安く買いたたくと？

　安く買いたたくようなことをしてしまうと売り手には不満が残ります。M&Aの対象は現在も稼動している会社や事業であることがほとんどなので、M&Aの実行後に事業を円滑に運営していくためには、売り手の協力は不可欠です。それにもかかわらず、買いたたくような形でM&Aをしてしまうと、売り手から必要な協力を得ることが困難になります。最終合意書の中にM&A実行後に売り手に協力を要請する事柄を盛り込んでおくことで、このようなリスクはある程度低減することができますが、それでも、真摯な協力が得られるかどうかは別の話です。M&Aを成功させるためには、売り手に感情的なしこりが残らないように進めることが大切です。

[図1−13−1] 買い手のリスクヘッジ

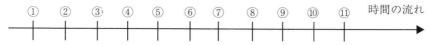

① M&Aの検討開始
② 外部協力者の選定と契約の締結
③ 企業価値評価／買収条件の検討
④ 売却候補先／買収候補先の絞込みと選定
⑤ 売却候補先／買収候補先と秘密保持契約の締結
⑥ 基本条件の交渉
⑦ 基本合意書の締結
⑧ <u>詳細調査（デューディリジェンス）</u>
⑨ <u>詳細調査の結果に基づく交渉</u>
⑩ <u>最終合意書の締結</u>
⑪ M&A手続の実行

買い手は⑧～⑩で見極めとリスクヘッジを行う。

# Chapter · 2
## M&A における心掛け

第2章 M&Aにおける心掛け

第2章　M&Aにおける心掛け

# *Introduction*

　「第1章　M&Aにおける誤解」では、私がM&A関連の業務に携わる中で、日頃よく質問を受ける内容を中心に説明しました。ここからはM&Aを実行するに際して、特に心掛けていただきたいポイントについて解説します。

　正確な数字ではないかもしれませんが、売り手であっても買い手であっても、M&Aの実行後に「60％の人がM&Aをして失敗したと感じている」というデータをみたことがあります。

　私は、これまで弁護士の立場で多くのM&A関連の業務に携わってきましたが、その業務分野の1つに「M&A実行後のトラブルの解決」というものがあります。守秘義務を負っているので詳細な事例をここで述べることはできませんが、たとえば、売り手の立場では「株式譲渡の対価を分割で支払ってもらう内容の契約だったのに約束どおりに譲渡代金の支払いを受けられなかった」とか、買い手の立場では「売り手から開示を受けた情報に虚偽の情報が含まれていた」とか、「M&Aを実行して経営権を取得した後に多額の簿外債務があることを発見した」など、その内容はさまざまです。

　そして、これらのケースの対応をしていると「この点に注意すれば、そのようなトラブルや紛争を避けることができるのに……」と感じる部分が多々あるものです。

　本章では、一般的なM&Aの流れに沿って、安全かつ確実なM&Aを実行するに際し、注意していただきたいポイントを順に説明していきます。

## 1 M&A におけるトラブルの特徴

**トラブルの特徴**

### (1) M&A におけるトラブルの特徴

M&A におけるトラブルの特徴としては、①いったん M&A を実行した後のトラブルは取り返しがつかない、② M&A におけるトラブルは多くの関係者が巻き込まれる、③そもそも大規模な取引であるため一度生じた損害や被害が深刻であるという点があげられます。以下では、これらをもう少し噛み砕いて説明します。

#### (A) 取り返しがつかない

たとえば、中古車1台の売買契約のような場合には、対象とする資産は車1台ですから、もし当事者の一方に債務不履行があったとしても売買契約を解除して契約がなかった状態に巻き戻すことができます。売買契約の解除によって売主は買主から引渡済みの車1台を返却してもらい、買主は売主にすでに支払った代金があればそれを返してもらえば足りるわけです。ところが、M&A は会社や事業をそのまま売ったり、買ったりする手続ですので、対象とする資産の範囲も大きく、選択する方法によっては株主総会などの大がかりな手続を要する場合も多く、さまざまな手続が絡み合ってきます。そして、M&A の実行後には、株主名簿の変更や、法人登記の変更、不動産登記の変更、許認可の変更等の各種登録名義の変更などが行われます。そのため、M&A を実行した後は、簡単に契約の巻き戻し(契約がなかった状態にすること)ができません。

### (B) 多くの関係者が巻き込まれる

　M&Aは売り手の会社や事業を丸ごと買い手に譲渡したり承継したりする手続なので、売り手の会社や事業に関与している従業員や取引先や株主はもちろん、それらの家族の生活にも影響が出かねません。たとえば、M&Aにおける売り手から買い手に対する従業員の承継については、売り手が従業員を一度解雇したうえで、買い手が従業員を新規雇用するというスキームがとられることがあります。これは売り手の企業との間で従業員が抱える潜在的なリスク（未払残業代の不支給やその他の労働契約上の瑕疵）を買い手が承継してしまわないようにするための方策です。このスキームで一度従業員を解雇してしまった後に、M&Aに関する契約を解除して契約がなかった状態に巻き戻すのは容易ではないことは簡単に想像できると思います。これは従業員に関する例ですが、取引先だって、株主だって、同じようなことが起こり得ます。会社や事業の規模が大きければ大きいほど、また、M&Aの実行に向けて手続が進めば進むほど関係者の数も多くなるので、M&Aにおけるトラブルが与える影響は大きくなっていきます。

### (C) 被害や損害が深刻である

　M&Aは売り手の会社や事業を丸ごと買い手に譲渡したり承継したりする手続ですので、買い手が売り手に支払う対価も高額になります。また、M&Aの実行に際してはアドバイザーや公認会計士や税理士や弁護士など多額の費用を支出しながら、手続を進めていくことになりますので、これらの外部協力者に支払う費用も決して安くはありません。そのため「このM&Aは失敗だ」と判断したとしても、簡単には後戻りができません。仮に後戻りをする決断をしたとしても、M&Aの実行に向けた手続が進んでいればいるほど、被害や損害は深刻なものとなってしまいます。M&Aにおけるトラブルは取り返しがつかず、多くの関係者が巻き込まれます。そのために一度M&Aで失敗した場合には、深刻な被害や損害を受けることになります。

## (2) リスクヘッジへの意識を高めることが重要

　M&Aにおけるトラブルの特徴を踏まえて、十分なリスクヘッジをしながら、M&Aの検討や交渉を進めていくことが大切です。ただ、あまりに慎重になりすぎると、生ものである事業の価値は鮮度を失い、売り手にとっても、買い手にとっても、マイナスの影響しか及ぼしません。そのため、大切なことは、M&Aにおけるトラブルが発生するポイントをしっかりと押さえて、リスクヘッジやリスクテイクの経営判断を行っていくことです。私はこれまでM&Aにおけるトラブルの解決に向けた対応を行ってきましたが、その経験に基づいて、次の「2　M&Aの4つのトラブルポイント」でリスクヘッジやリスクテイクを行うために特に重要なポイントを紹介したいと思います。

### ［図2－1－1］　M&Aにおけるトラブルの特徴

【M&Aにおけるトラブルの特徴】
① 取り返しがつかない。
② 多数の関係者が巻き込まれる。
③ 被害や損害が深刻である。

【対応】
特徴を踏まえたうえでトラブルが発生するポイントを理解しポイントごとにリスクヘッジとリスクテイクを行う。

第 2 章　M&A における心掛け

## 2　M&A の 4 つのトラブルポイント

トラブルになるポイント

### (1)　M&A の手続の中でトラブルになるポイント

　一般的に、M&A は、①M&A の検討開始、②外部協力者の選定と契約の締結、③買収条件の検討、④売却候補先／買収候補先の絞込みと選定、⑤売却候補先／買収候補先と秘密保持契約の締結、⑥基本条件の交渉、⑦基本合意書の締結、⑧詳細調査（デューディリジェンス）、⑨詳細調査の結果に基づく交渉、⑩最終合意書の締結、⑪M&A 手続の実行といった流れで進んでいきます。

　以前、M&A に関するセミナーで講師をさせていただいた際に「①から⑪の中でトラブルになるのはどこでしょうか」という質問をしたことがあります。この質問に対してセミナーに参加された方からの答えはばらばらでした。たとえば、「買収条件を検討する段階が重要だと思います。その見極めの過程である③買収条件の検討の場面で問題が生じるのではないでしょうか」とか、「最初の価格設定、プライシングが大事だと思いますので、③買収条件の検討の際に問題が生じるのではないでしょうか」とか、「⑤秘密保持契約を締結して、資料のリクエストをしたとしても、相手からの資料開示の際にしっかりとした情報の開示がないことが問題になるのではないでしょうか」とか、「M&A はやはり条件次第ですし、交渉ごとなので⑥基本条件の交渉や⑨詳細調査の結果に基づく交渉でトラブルが発生するのではないでしょうか」とか、「同じく交渉の段階が一番トラブルになるように思うのですが

……」など、さまざまな回答がありました。

確かに、私からの質問の内容が「①から⑪の中でトラブルになるのはどこでしょうか」という質問でしたので、上記の回答はいずれも的を射たものだと思いますが、M&Aの手続①〜⑪のすべての過程でトラブルは生じ得るのです。

## (2) M&Aの4つのトラブルポイントはどこか

その後、先ほどの質問に続いて、私から「それではそのようなトラブルの発生を未然に防ぐために、特に注意すべき、ポイントは①から⑪の中のどこでしょうか」と尋ねました。この質問に対する回答もさまざまなものがありました。最も多かったのは、「⑥基本条件の交渉」と「⑨詳細調査の結果に基づく交渉」の場面です。いずれも交渉の場面ですが、どうしても交渉というと、相手もいますし、当事者双方の言い分や意向が対立してもめそうなイメージがあるのだと思います。逆に最も少なかったのは「②外部協力者の選定と契約の締結」の場面です。外部協力者というのはM&Aのアドバイザーや公認会計士や税理士や弁護士などです。これらの外部協力者は資格を有する専門家ですので、全幅の信頼をおいて依頼しているのだと思いますし、特にM&AアドバイザーはM&Aの早期の段階、スタートアップの時点から関与することもあり、トラブルが発生するイメージが湧かないのだと思います。ですので、そのような認識を抱くことも理解できます。

また、次に回答が少なかったのは「⑤売却候補先／買収候補先と秘密保持契約の締結」と「⑦基本合意書の締結」と「⑩最終合意書の締結」の3つです。これらはいずれも当事者が合意した内容に基づいて契約書面を取り交わす段階です。この段階は、売り手も買い手もお互いに契約の条件や内容については十分に話し合って、確認をして、納得したうえで、署名したり押印したりしているイメージだからだと思いますが、やはりトラブルとはあまり関係がないように感じるのだと思います。

ところが、「それではそのようなトラブルの発生を未然に防ぐために、特に注意すべきポイントは、①から⑪の中のどこでしょうか」という質問に対する回答として、私が想定していたのは、セミナーの参加者から回答が少なかった「②外部協力者の選定と契約の締結」と「⑤売却候補先／買収候補先と秘密保持契約の締結」と「⑦基本合意書の締結」と「⑩最終合意書の締結」の4つのポイントでした。

[図2－2－1] M&Aの4つのトラブルポイント

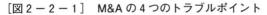

① M&Aの検討開始
② <u>外部協力者の選定と契約の締結</u>
③ 企業価値評価／買収条件の検討
④ 売却候補先／買収候補先の絞込みと選定
⑤ <u>売却候補先／買収候補先と秘密保持契約の締結</u>
⑥ 基本条件の交渉
⑦ <u>基本合意書の締結</u>
⑧ 詳細調査(デューディリジェンス)
⑨ 詳細調査の結果に基づく交渉
⑩ <u>最終合意書の締結</u>
⑪ M&A手続の実行

②⑤⑦⑩がトラブルポイント

## (3) M&Aにおけるトラブルの内容と原因

私がこれまで扱ってきたM&Aにおけるトラブルや紛争の中で、解決に向けて重要なポイントになったのが、「②外部協力者の選定と契約の締結」

と「⑤売却候補先／買収候補先と秘密保持契約の締結」と「⑦基本合意書の締結」と「⑩最終合意書の締結」の各場面です。この4つのポイントをしっかりと押さえておくことで、M&Aに関するトラブルの多くを未然に防ぐことができますし、仮にトラブルが発生したとしても、被害や損害が深刻化する前に、自分たちに少しでも有利な解決ができるものと考えています。

　トラブル発生のポイントである②⑤⑦⑩の各場面の共通点はいずれも「契約の締結」の場面であるということです。売り手の立場であっても、買い手の立場であっても、それまで話し合い、納得した内容が契約書として書面化されます。各場面で契約書を作成する目的にはさまざまなものがあります。たとえば、「言った、言っていない」とか「約束した、約束していない」という無駄なやりとりを排除するためにそれまでの当事者の合意内容を書面に固定化して明確にすること、紛争に発展しないように今後の手続の流れや費用負担などを明確にしておくこと、紛争に発展しそうな場面の解決策を盛り込んでおくことで紛争を未然に防止すること、紛争が起きた場合に当事者が合意した内容を明確にしておくことによって証拠化すること等です。ところが、売り手であっても、買い手であっても、そのような契約や手続に関する意識が低かったり、契約書の内容を十分に理解していなかったり、契約書の内容を誤解していたりすることが多く、それがM&Aにおけるトラブルを引き起こしているのです。

　②⑤⑦⑩の各場面で具体的に何がトラブルになり、そのトラブルを防ぐためにどのような点に注意したらよいかについては、個別の項目で説明しますが、まずは②⑤⑦⑩が重要なポイントになり、②⑤⑦⑩の場面でトラブルの予防とトラブルが発生した場合の手当てをしておくことが、安全かつ確実にM&Aを実行するためのポイントであることを心得ていただきたいと思います。

［図2－2－2］　M&Aのトラブルの原因と対応

【M&Aにおけるトラブルの原因】
① 契約や手続に対する意識が低い。
② 契約や手続の内容を理解していない。
③ 契約や手続の内容を誤解している。

【対応】
4つのトラブルポイントごとにトラブルの予防とトラブルに対する手当てを行う。

# 3 手続① M&Aの検討開始

## (1) 目的を明確に設定することの重要性

　売り手であっても、買い手であっても、まずはM&Aの検討から手続が開始します。M&Aの実行後に「こんなはずではなかった」「こんなことならM&Aをしなければよかった」という声を聞くことがありますが、このような後悔が生じる原因の1つに「M&Aでめざす目的が明確ではないこと」があげられます。

　このような話をすると「いやいや、当然、目的ははっきりしていますよ」とか、「目的がなければM&Aをするはずないじゃないですか？」という声が聞こえてきそうですが、続けて「本当にその目的の検討で十分ですか？」と尋ねると、少し自信なさそうな答えが返ってきます。

　売り手でも買い手でも、M&Aにおいて最も重要なのは最初の検討段階だと感じています。誰しも、何らかの目的をもってM&Aの検討に入ると思いますが、この目的が定まりきっていない場合が多いのです。M&Aにおいては、目的が少しでもずれてしまうと、選定すべき外部協力者も異なってくるはずですし、相手から収集すべき情報の種類や内容も変わってきます。最初に十分に時間をかけて何度も何度も「何のためにM&Aを行うのか」という点について明確になるまで突き詰めて検討することが重要なのです。

　目的を明確化するための具体的な方法ですが、売り手でも買い手でも、M&Aという手法を活用するに際して、何か改善したい点や解決したい課題や問題を抱えているはずです。そのため、目的を明確化する際には、自社の現状分析や自社の課題や問題をしっかりととらえ直す作業が必要になってき

ます。内容は、個々の会社や事業がおかれている状況によってさまざまだと思います。売り手であれば「事業承継を行いたい」とか「現在の事業を売却して対価を得て新規事業を取り組む必要がある」とか、買い手であれば「別のエリアに新規の店舗を出店したい」とか「競争力を強化するために同業他社を買収して市場での競争力を高めたい」などといった課題があると思いますが、これらをしっかりと検討することがスタートラインです。

そして、それらの課題や問題を解決するための方法として、M&Aの各手法の中のどの方法を用いるのが適しているのか、本当にM&Aが課題や問題を解決するための最善の方法なのかをじっくりと検討していくことになります。

## (2) 目的を維持し続けることの重要性

そして、目的を明確にした後にさらに重要なことは、一度明確にした目的を維持し続けることです。M&Aの検討を開始した後に、外部協力者を選定したり、売り手や買い手の候補が登場して交渉が始まったりすると、外部からさまざまな意見や情報がもたらされます。そうすると、最初に明確にした目的にズレやブレが生じてくることがあります。たとえば、買い手が「Aというエリアに新規出店するためにAのエリアで事業を展開している企業をM&Aで取得したい」と考えて、検討を開始したとします。ところが、アドバイザーから「Aというエリアで事業を展開している企業はいませんでしたが、Bというエリアで事業を展開している企業の売り情報があります」などという情報が提供されたとします。その場合に、買い手は「なるほど、Aのエリアを考えていたけれど、Bのエリアもいいかもしれない……」と考えがちなのですが、このような発想は危険です。

このような形で、目的にズレやブレが生じてしまったM&Aの手続はたいてい難航します。

このような形でのM&Aは「ダウンジャケットを買いに行ったのに、ダ

ッフルコートをすすめられて、購入してしまう」という買い物と同じです。アウターであればまだ取り返しもつきますが、M&Aの対象は会社や事業ですので、そんな簡単な話ではありません。こんな話を聞いていると「え？そんなこと本当にあるの？」と思われるかもしれませんが、私が関与してきただけでも、現実にこのような例を数件はみています。

　せっかく時間をかけてM&Aの目的を明確化しても、それを維持できないのでは意味がありません。M&Aでは初期段階で生じた1度のズレが、最終的には数十度のズレに発展してしまう可能性があります。ですので、そのようなズレが生じた場合には、いったん、案件をブレークさせるか、もしくは白紙に戻して最初からやり直すくらいのスタンスで望んだほうが、安全かつ有益なM&Aが実現できると思います。

[図2-3-1] 方針と目的の明確化と一貫性

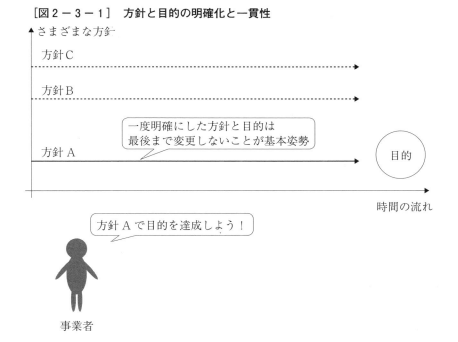

第2章　M&Aにおける心掛け

手続②

# 4 外部協力者の選定と契約の締結（トラブルポイント①）

## (1) 外部協力者の選定

　M&Aにおける外部協力者については「第1章　M&Aにおける誤解」「5 M&Aに必要な外部協力者」で説明しましたが、売り手であっても、買い手であっても、会社や事業者だけでM&Aを遂行するのは知識も経験も乏しくリスクが大きすぎます。そのため、アドバイザー、公認会計士・税理士、弁護士、その他の外部協力者の支援を受けながらM&Aを進めていくことが一般的ですし、安全です。

　ただ、問題は「外部協力者として誰にどのような業務を行ってもらうか」というところです。これは会社や事業者の状況やM&Aを検討するに至った契機などでさまざまです。たとえば、何十年にもわたって顧問契約を締結している税理士や弁護士に相談して、経営者自身やその顧問の専門家の人脈からM&Aの相手を探してきて実行されるM&Aもあれば、最初からM&Aに関するアドバイザリー業務を行っている独立系のアドバイザーや金融機関が運営するアドバイザーから持ち込まれる話で実行されるM&Aもあるので、そのきっかけはさまざまです。

　この点、前者のように従来から関係の深い外部協力者に依頼して、従来から人的関係の深い相手とM&Aをするような場合には、大きなトラブルに発展するケースは比較的少ないように感じます。それに対して、後者のように全く新たに関係性を構築しながらアドバイザーと契約を締結して、広い範

囲で M&A の相手を一から探すような M&A の場合には、慎重に対応を進める必要があるように感じます。

いずれにしても、「2　M&A の 4 つのトラブルポイント」で説明したとおり、外部協力者の選定は、M&A におけるトラブルや紛争が発生しやすい重要なポイントになるので、どのような外部協力者に対して何を依頼するかを慎重に検討する必要があります。

## (2)　外部協力者との間でのトラブル

売り手も買い手も、外部協力者に対して全幅の信頼をおいているのが通常です。そのため、このような話をすると「外部協力者との間でトラブルや紛争になることがあるのですか？」と驚かれる方がいます。ですが、実際に、M&A のトラブルの中で、売り手や買い手といった依頼者と、依頼を受けたアドバイザーなどの外部協力者との間で、多数のトラブルや紛争が生じているのが現実です。

外部協力者との間のトラブルで多いのは、外部協力者が「やらない」「できない」「みつからない」といったものです。アドバイザーに業務を依頼したはずなのに、アドバイザーが思ったような働きをしてくれないとか、アドバイザーが「順調に相手がみつかったので今年中に M&A が達成できます」と言ったのにもかかわらず、アドバイザーの説明どおりの形で M&A ができなかったとか、アドバイザーが「買い手をきちんと探してきますので任せてください」と言っていたのにもかかわらず、アドバイザーから何カ月経っても全く情報が入ってこないといったトラブルです。いずれも、専門家の説明義務違反や誠実義務違反など外部協力者側の債務不履行に該当するようなトラブルです。

そして、私は、これまでも何件ものこのようなトラブルの事後処理の対応をしてきましたが、最終的には「売り手や買い手と外部協力者との間でどのような内容の契約が締結されていたのか」という点がトラブル解決の重要な

争点になってきます。トラブルや紛争が生じた段階で依頼を受けて、弁護士の立場で、M&Aの当事者やアドバイザーから話を聞いたうえで、アドバイザリー契約書の内容を確認すると、アドバイザーに非があると考えられるケースもあれば、アドバイザーには非がなく、M&Aの当事者のほうに過度な期待や誤解があるようなケースもあり、ケースごとにさまざまです。

　ただ、私が経験してきたトラブル事例の多くは、外部協力者に依頼をするM&Aの当事者が外部協力者との間の契約内容を十分に認識していなかったり、契約内容を誤解していたり、もしくは外部協力者にとって一方的に有利な内容の契約が締結されていたというようなケースがほとんどでした。おそらく、外部協力者に依頼するM&Aの当事者は、依頼の段階で外部協力者に全幅の信頼をおいてしまっており、ひどいケースでは外部協力者に言われるとおりに、外部協力者との契約書の内容をよく確認せずにはんこを押している可能性もあるのではないかと感じています。

　M&Aの外部協力者は、M&Aに関する経験がある程度豊富であるのに対して、M&Aの当事者の多くは、初めてM&Aを検討する会社や事業者がほとんどだと思います。そのため、M&Aの外部協力者の説明には説得力がありますし、外部協力者は完全に自分の味方であると考えてしまい、まさかその関係がこじれることがあるとは思いもせずに、警戒心を抱くことなく契約書に署名押印をしてしまうというのが実情ではないかと感じています。

　ですが、多くの中小企業の経営者にとっては、M&Aは一生に一度か二度の重要な局面です。しかも、実際にM&Aの当事者とその外部協力者との間のトラブルは多数発生しています。M&Aを安全かつ確実に成功させるための最初のポイントは、外部協力者と締結する契約内容を十分に理解したうえで、しっかりと契約を締結するということです。外部協力者に支払うM&Aにおける契約フィー（報酬）は高額になることが多いので、自社の顧問弁護士やM&A関連業務に関する経験が豊富な弁護士に、外部協力者との契約内容を確認してもらうことが必要です。

## (3) アドバイザーとの契約を締結する際に注意すべきポイント

　外部協力者との契約内容は、ケースごとにさまざまです。そのため、実際に個々の場面で締結する契約書の内容を確認しないと完全なリスクヘッジはできませんが、一例として、アドバイザーとの契約を例にあげて、確認を怠らないでいただきたい重要なポイントについて、いくつか説明します。

### (A) アドバイザーに依頼する業務内容は明確で範囲は適切か

　アドバイザーとの契約のタイトルは、「アドバイザリー契約」とか「コンサルティング契約」などさまざまな名称が用いられますが、どのような名称であっても、法的な性質は依頼者からアドバイザーに対する「業務委託契約」である場合がほとんどです。業務委託契約は、依頼者がアドバイザーに対して「一定の範囲の業務」を委託し、アドバイザーが依頼者から「一定の範囲の業務」を受託するという部分が本質的な要素です。注意しなければならないのは、この「一定の範囲の業務」というのは法律で内容が明確に定まっているものではないということです。当事者が合意するところに従って、いかようにでも内容を定めることができるのです。そのため、依頼者とアドバイザーとの間の紛争の中で「その業務は委託業務の範囲に入っていない」とか「業務委託契約書にはAと書いてあるが、Aの業務にはaという業務は含まれない」とか「業務委託契約書の委託業務の範囲の条項には記載されていないけれど、業務委託契約を締結した際に、アドバイザーはaもやってくれると言っていた」などという形で争われることが多いのです。

　したがって、アドバイザーとの契約に際しては、この「一定の範囲の業務」をいかに具体的に漏れなく記載するか、記載内容をいかに特定するか、アドバイザーが行うと約束した業務がしっかりと網羅されているかを確認することが大切です。業務委託契約書の中には専門用語が記載されていることも多いと思いますが、まずは業務委託契約書に記載されているアドバイザーが行うべき「一定の範囲の業務」の意味内容を正確に理解し、アドバイザー

にお願いしたい業務の範囲が十分に記載されていて漏れがないか、契約書上の文言は依頼者とアドバイザーの双方にとって一義的に明確かといった点を確認することが重要です。

### (B) アドバイザーに支払うべきフィーの内容

次に、注意していただきたいのは、アドバイザーに支払うべきフィー（報酬）の内容と妥当性です。この点も法律上アドバイザリーフィーについては明確な基準があるわけではありませんので、依頼者とアドバイザーとの間の契約によって自由に決定することができます。トラブル事例の中には、依頼者がアドバイザーを信頼しきって契約条項を確認することなく、高額なアドバイザリー契約を締結してしまっているケースに多々接します。

最近は完全成功報酬型のアドバイザリー契約も増えてきたように感じていますが、報酬体系も、M&Aの当事者とアドバイザーとの間で、着手金・成功報酬方式、手数料方式、月額報酬固定額方式、それらの組合せなどアドバイザーごとにさまざまな内容の報酬形態が存在しています。報酬の支払時期についても、M&Aの当事者間で最終合意書が締結された時点で成功報酬を支払う形式になっている場合もあれば、M&Aの当事者間で基本合意書が締結された時点を最初の成功の場面として、M&Aの当事者間で基本合意書を締結する段階までたどり着いた時点で中間報酬金を支払い、M&Aの当事者間で最終合意書が締結された時点で最終報酬金を支払うような場合もあり、アドバイザーごとに実にさまざまな契約が存在しています。いずれもM&Aの当事者とアドバイザーとの合意で決定することができるので、複数のアドバイザーの条件を比較検討して、納得できる報酬形態のアドバイザーを選定することが大切です。

具体的な金額については、一般的な相場はあってないようなものです。事業の規模にもよりますが、中小企業のM&Aの場合、着手金については100万円から1000万円くらいの場合が多いように思います。成功報酬については、売買金額の1～5％程度の定めがされている場合が多いように思います。ト

ラブル事例の中には、「たいした作業をしていないのに数百万円の着手金を請求されて納得ができない」などと、着手金や中間金や報酬金の額をめぐるものも多々あるので、注意が必要です。

　いずれにしても、M&Aの当事者とアドバイザーとの契約は、私的自治の範囲内の契約なので、当事者が納得していれば、それが契約内容になり、その内容で契約が成立することになります。いったん契約を締結してしまえば、後から「いや、そんなつもりではなかった」とか「いや、そんな金額は請求される覚えがない」などと言っても、「契約書に書いてありますよ」と言われてしまいます。いったん契約を締結してしまうと、後から後悔しても後の祭りです。そのような事態が生じるのを防ぐためにも、契約を締結する前に法的な観点から検討を行うことが大切です。契約書の内容を正しく理解したうえで、必要性を審査して、また、アドバイザーが分担する作業内容や具体的な作業時間などを明確にして意味内容を十分に理解して契約を締結することが大切です。

### (C) アドバイザーの活動における費用負担

　上記のアドバイザリー業務の対価以外にも、アドバイザーとの契約の中には、業務の過程で生じるさまざまな費用負担に関する規定が設けられていることが通常です。たとえば、アドバイザーが業務に関して支出する「通信費」「交通費」「宿泊費」「印刷費」や、アドバイザーが外部の専門家（公認会計士・税理士・弁護士等）のサポートを受ける場合の「外部専門家の報酬」などの負担は、通常は依頼者の側の負担とされることが多いように思います。なかには「交通費」について「アドバイザーが新幹線や特急を使用する際にはグリーン車を使用することを認め、その費用は依頼者が負担する」といった規定まで細かく定められている場合もあります。M&Aの一連の業務はある程度長期のプロジェクトになるので、これらの費用負担も長期間で発生し続けることを考えると相当な額になることが予想されます。また、M&Aのデューディリジェンスを行う場合には、外部の専門家（公認会計士・税理士・

弁護士等）の費用負担も、それぞれ数百万円規模で請求されることがよくあります。そのため、アドバイザーとの契約を締結する段階で、発生する費用やその負担する内容を十分に確認し納得したうえで、契約を締結することが大切です。

### (D)　アドバイザーからの活動報告の方法や頻度

　M&Aの一連の業務はある程度長期のプロジェクトになります。そのため、アドバイザーの活動状況が依頼者の側からはみえづらい場面が生じてきます。アドバイザーによっては複数の案件を同時並行的に進めている場合も多く、四六時中、依頼者のためだけに時間を割いて業務を行っているわけではありません。そのため、依頼者がアドバイザーの業務の進捗状況を把握するための規定をアドバイザーとの契約の中でしっかりと定めておく必要があります。なかには、「アドバイザーが適宜の方法で業務の進捗状況を依頼者に報告する」といった内容の規定が設けられている場合がありますが、このような内容では不十分です。このような規定だと、アドバイザーが自分の望むタイミングで、自分の望む方法で報告すれば足りると解釈されてしまうからです。アドバイザーからの報告について規定する条項では「依頼者が指示した場合には、アドバイザーは依頼者に対して書面にて活動状況の報告を行うものとする」とか「アドバイザーは依頼者に対して毎月○日までにそれまでの活動状況を書面にて報告する」などと、M&Aの当事者が安心できる内容で、アドバイザーから報告を受けられるような規定に修正したうえで契約を締結する必要があります。

### (E)　アドバイザーの活動期間

　アドバイザーとの契約書にはアドバイザーの活動期間も明記されていることが通常です。M&Aの一連の業務はある程度長期のプロジェクトになるので、契約書に定めた期間が本当にM&Aの成約に向けて十分な期間かを確認する必要があります。アドバイザーの業務にはM&Aの相手を探してくることを含むのが一般です。そして、依頼者とアドバイザーとのトラブルで

多いのが「やらない」「できない」「みつからない」だと先に述べましたが、契約書に定めた活動期間が終了した際に、アドバイザーから「契約書の活動期間中、相手を熱心に探したが、結局候補がみつからなかった。契約書の活動期間が終了するので、さらに相手探しを行うのであれば、追加で着手金を支払ってもらう必要がある」などと言われて、トラブルに発展するケースがあります。そのため、アドバイザーとの契約を締結する際には、アドバイザーの活動期間が十分であるかを確認するだけではなく、仮に活動期間が経過しようとする段階で一定の成果が得られない場合に、契約の継続に関する規定があるか、その場合の費用負担はどうなるかといった点についても十分に確認しておく必要があります。

(F) アドバイザーとの契約関係の解消

アドバイザーとの契約書の中で、契約を途中で解消するための規定が設けられているか、そのような規定が設けられていたとして、その内容は依頼者にとって安全なものかを確認する必要があります。M&Aの一連の業務はある程度長期のプロジェクトになるので、当初は全幅の信頼をおいてスタートしたアドバイザーとの関係も、時間が経つにつれて、何らかの理由で関係が悪化する事態が生じる場合があります。そのような場合に、悪化した関係を継続することはお互いにとってメリットはありません。そこで、アドバイザーとの契約関係を解消する必要がありますが、アドバイザーとの契約書の中には、依頼者から契約を中途で解消する場合の規定がない場合や、依頼者が契約を中途で解消しようとすると違約金が生じる規定が設けられている場合があったりして、依頼者が望む形で契約関係の解消ができずにトラブルに発展する事例があるので注意が必要です。アドバイザーと契約を締結する段階では、依頼者も前向きな気持でしょうし、契約を解消することに考えが及ばないことも理解できますが、M&Aを安全かつ確実に実行するために重要な点ですので、契約の内容を事前に十分に確認することが大切です。

(G) その他

　上記の内容以外にも、秘密保持義務の範囲やアドバイザーが秘密保持義務を負う期間（契約終了後も一定の範囲で継続させるのが一般的です）、無断で再委託することの禁止、紛争が生じた場合の裁判にあたっての専属的合意管轄（特に遠隔地のアドバイザーに依頼する場合）など注意すべき点は多岐にわたります。その中でも、アドバイザーによっては、M&Aが成約した際に、アドバイザーが運営するウェブサイトなどで成約事例として実名で公表することを事前に依頼者に承諾させているような例もあるので、そのような行為の是非についても契約締結段階で慎重に判断しておくべき事項の1つです。いずれもM&Aを安全かつ確実に実行するためには重要なポイントですので、アドバイザーから提示された契約書に疑問を抱かずに署名押印をするのではなく、また自分たちだけで即断して契約を締結せずに、弁護士等の法律の専門家にチェックを受けたうえで締結するように心掛けることが必要です。

## (4) アドバイザーとの契約締結前後で注意すべきポイント

　アドバイザーと契約を締結する際のポイントについて説明してきましたが、実は、アドバイザーとの関係でトラブルを防ぐためには、契約書の内容を慎重に確認して調印しただけでは十分ではありません。先に述べましたが、アドバイザーとのトラブルの多くは「やらない」「できない」「みつからない」という点に関して、「アドバイザーに債務不履行があるのではないか」といった内容で争われます。そして、契約書に規定できるのは「こういう内容で今後アドバイザー契約に基づいてアドバイザリー業務を行います」ということまでです。アドバイザー契約を締結した後に、アドバイザーが実際にどのような活動を行ったかは契約書には規定されないので、アドバイザーから定期的に活動報告を書面や電子メールで提出させたり、アドバイザーとの打合せの内容を記録化したりするなど、アドバイザーに委託した業務が適切に履行されているかを確認し、それを資料として記録化して保管しておく必要が

あります。

　また、特に注意していただきたいのは、アドバイザーの説明義務についてです。アドバイザーの債務不履行責任の多くは、「アドバイザーからAという説明を受けていたのに、実際にはBだった」とか、「アドバイザーから説明を受けた内容に基づいて意思決定をしたのに、アドバイザーの説明は間違いだった」とか、「アドバイザーから説明を受けた内容に基づいて意思決定をしたのに、アドバイザーの説明が十分ではなかった」などのいわゆる「説明義務違反」といった形でトラブルに発展します。これらは、アドバイザーとアドバイザー契約を締結する前後の説明についての争いですので、アドバイザー契約書には記載されていないことが多く、後に紛争になったときに「言った」「言っていない」という形でトラブルになってしまいます。そのため、アドバイザーからの説明内容については、電子メールで受け取ったり、アドバイザーとの打合せの内容は議事録にしておいたり、後にトラブルになった際に、立証し得る資料をしっかりと用意しておくことが望ましいと思います。

## (5) 信頼できるアドバイザーの選定方法

　M&Aのアドバイザリー業務を行うために国家資格は必要とされていません。M&Aアドバイザーと名乗っていても、一定の質が担保されている保障はないのです。私が一緒に仕事をさせていただくアドバイザーの方は、それぞれが専門分野をもっています。事業承継に長けていたり、事業再生が得意だったり特定の業種に関する知識や経験が豊富だったりとさまざまです。信頼に足るM&Aアドバイザーにめぐり合えるよう、安易にインターネットの宣伝文句や肩書だけで判断するのではなく、知人や顧問税理士や顧問弁護士から紹介を受ける中で最も信頼できるアドバイザーを選定することが最善です。

第2章　M&Aにおける心掛け

[図2－4－1]　アドバイザーとの契約における注意点

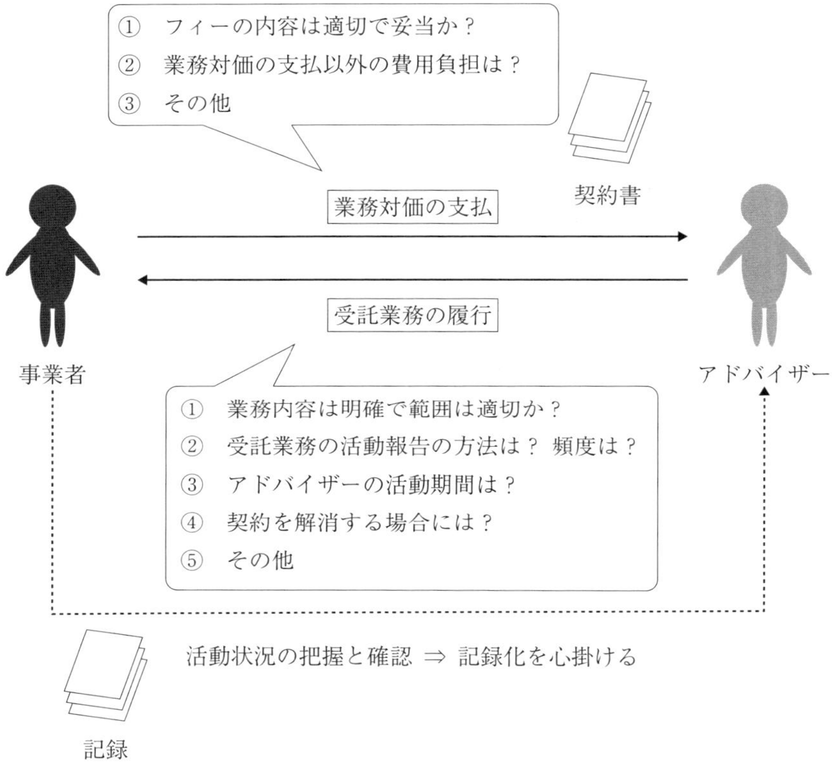

① フィーの内容は適切で妥当か？
② 業務対価の支払以外の費用負担は？
③ その他

事業者　──業務対価の支払──→　アドバイザー
　　　　←──受託業務の履行──

契約書

① 業務内容は明確で範囲は適切か？
② 受託業務の活動報告の方法は？ 頻度は？
③ アドバイザーの活動期間は？
④ 契約を解消する場合には？
⑤ その他

活動状況の把握と確認 ⇒ 記録化を心掛ける

記録

*82*

# 5 手続③ 企業価値評価

## (1) 一般的な企業価値の算定方法

アドバイザーを選定した後は、M&Aの対象企業の企業価値や事業価値を算定する作業になります。これは、主に売り手側で行う作業です。要は、M&Aに際して、いくらで会社や事業を売りに出すかという「売値」の算定作業を行うイメージです。売り手の会社や事業におけるB/S（貸借対照表）やP/L（損益計算書）などの会計上の数値を基準として企業価値を算定していくことになります。そして、企業価値の算定方法には、一般的には、大きく以下の3つの方法があるとされています。

### (A) コストアプローチ

この方法には、単純に簿価の純資産額を企業の価値とする「簿価純資産法」（会社の貸借対照表上の「資産の部」の額から「負債の部」の額を差し引いた金額を会社の価値として算定する方法）があります。ただ、「簿価純資産法」では会社や事業の現在の価値が正しく評価されているわけではないので、M&Aの現場で採用されることはほとんどないと思います。そこで、簿価純資産法で算出された会社や事業の価値を現時点の評価に置き換えて算出する「時価純資産法」が用いられます。この方法は時価での純資産価格を算定するので、貸借対照表上の資産について現在の価格が反映されるように評価替えを行います。たとえば、資産の部については、売掛金は長期滞納分があればマイナス評価をしたり、棚卸資産も不良在庫があればマイナス評価をしたり、土地も不動産鑑定評価を行うか、公示価格や路線価から現時点の価値を評価するといった作業を行っていきます。それ以外の時価のある有価証券や

会員権なども現在の時価に引き直して計算をしていきます。建物や付属設備などの償却対象資産についての償却不足がある場合にはマイナス評価を行います。他方で、負債の部についても、たとえば、従業員の賞与引当金や退職引当金、貸倒引当金などについても引当不足があれば負債として認識して時価純資産額からマイナスするといった方法です。

　(B)　インカムアプローチ

　この方法は「企業の将来の収益性を基準にする方法」です。この方法には「DCF（ディスカウンテッド・キャッシュフロー）法」といって、対象企業が将来期待できるキャッシュフローを予測したうえで、各年度の将来キャッシュフローを資本コストで割り引いて現在価値に置き直したものを企業価値として算出する方法や、「収益還元法」といって、対象企業が将来期待できる経済的利益を予測したうえで、この利益に将来生じうるリスクを反映させた割引率で除した額をもって企業価値を算出する方法などがあります。DCF法では将来の各年度のキャッシュフローは個別に算定しますが、収益還元法では個別に算定せず、将来のキャッシュフローは一定のものとして算定します。

　(C)　マーケットアプローチ

　この方法は「類似会社や類似業種や類似取引の事例を基準にする方法」です。たとえば、すでに証券市場で売買されている企業の株式について、それが企業の価値を体現していると考え、株式の時価総額と負債の金額を合わせて企業価値とします。また、上場されていない企業については、同業種の上場企業を参照し、その指標（ROA、ROE、純資産キャッシュフロー倍率等）を参考に企業価値を類推したりして企業価値を算定する方法です。もっとも、M&Aの場面では、事業が将来生み出すキャッシュなどに着目した評価が必要になりますが、この方法では将来の事業の価値を測定することができないと言われています。

## (2) 中小企業のM&Aの現場では

　以上のような3つの方法のうち、中小企業のM&Aの現場で企業価値を算定するに際しては、どの方法が適しているのでしょうか。答えは、どの方法も一長一短で、「これ」という最適な計算方法は存在しないというものです。それぞれ、どこに問題があるのかを説明していきます。

### (A) コストアプローチの問題点

　まず、コストアプローチですが、簿価純資産法は計算方法としては明確なのですが、一般的に取得原価主義によって帳簿上記載されている資産と負債の評価額が現時点での実際の企業の価値を正しく評価しているわけではありません。そのため、時価純資産法で算定するのですが、それでも継続事業としての側面からの価値評価がされているわけではありません。企業は継続的な事業価値を有しているので、将来の企業価値が全く考慮されていない点が問題になるわけです。

### (B) インカムアプローチの問題点

　次に、インカムアプローチですが、DCF法は上場企業が関与するような大規模なM&Aでは用いられることがありますが、中小企業のM&Aには適していないことも多いと思います。DCF法は、将来のキャッシュフロー予測を含む事業計画と割引率をどう考えるかによって全く異なる結果になってしまいますが、中小企業のM&Aでは参考になるような事業計画や割引率を算定するのが容易ではないからです。要は、明確な基準が存在しない中で、将来の事業計画のつくり方によっては価値が大きく変わってしまう点、すなわち、価値を恣意的に操作しやすい点に問題があるのです。

### (C) マーケットアプローチの問題点

　さらに、マーケットアプローチですが、評価の対象となる会社が上場企業に匹敵する程度の事業規模で、事業内容や財務内容で類似する上場企業が存在する場合には一定の参考になることがあるかもしれませんが、現実的には

そのような類似会社を探すことはほとんどできません。そのため、中小企業のM&Aには適した方法ではないと言われています。特に、社歴の浅い中小企業の中にはニッチな分野や新規のビジネスも多いと思いますので、そのような企業の参考になる会社自体が存在しなかったりするからです。

(D) 中小企業のM&Aにおける算定方法

このようにコストアプローチ、インカムアプローチ、マーケットアプローチのいずれも一長一短です。そこで、中小企業におけるM&Aの現場では、上記の①〜③を合体させたような形で算定する方法がとられることが多いように思います。具体的には「時価純資産額」に評価して算定した「営業権」を加えて企業価値を算定するという方法です。「時価純資産額」は、すべての資産を時価評価し直して、総資産から総負債を引いたものですが、企業は将来に向かって継続的に事業を行っていく存在ですので、その価値も評価さ

[図2−5−1] 企業価値・事業価値の算定方法

| 1　コストアプローチ | |
|---|---|
| ①　簿価純資産法 | ②　時価純資産法 |
| 2　インカムアプローチ | |
| ①　DCF法 | ②　収益還元法 |
| 3　マーケットアプローチ | |
| ①　類似企業比較法 | ②　類似業種比較法 |

【1〜3の基準】
企業価値の評価方法にはさまざまな評価基準があるが一長一短である。

【中小企業のM&Aでは】
企業価値＝時価純資産法で算定した価格＋営業権

れなければ企業の価値が正確に反映されているとはいえません。そこで、「時価純資産額」に将来発生する利益の額をある程度参考にしながら「営業権」の価値も算定していくことになるのです。

## (3) 「営業権」の考え方

それでは「時価純資産額」に加味される「営業権」とはどのようなものでしょうか。「営業権」は「のれん」と言われることもあります。具体的な金額は、企業の歴史や伝統、社会的信用、立地条件、生産条件、技術、資格者などの人材、取引先、顧客、マーケットでの優位性、その他の営業上のノウ

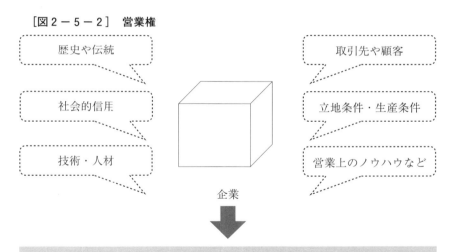

[図2-5-2] 営業権

【営業権】
企業の魅力が総合的に考慮されるがその多くは目に見えない。

「魅力の棚卸し」「魅力の磨上げ」を行い「見える化」しておくことで企業価値を高めておくこと。

ハウなどが考慮されて定まることになります。M&Aにおける企業価値を算定する際の「営業権」を評価するに際しての明確な基準はありませんが、営業利益や経常利益の数年分を基準として算出されることが多いように思います。数年分をどうするかによって大きく金額が変わってくるのですが、この部分は、対象企業の業種等によって変わってきます。たとえば、5年で8割の店が入れ替わると言われるような流行り廃りの激しい飲食業界では2年程度、逆に、安定性の高い成長分野では5年から6年程度で算出することもあります。たとえば、単年度の利益が5000万円出ている会社であれば、その5年分として2億5000万円が「営業権」になることもあれば、2年分として1億円が「営業権」となることもあるといったイメージでしょうか。そのため、売り手としては自社の事業の強みや自社の事業の将来性などをしっかりとした根拠をもった資料で説明できるようにしておくことが重要です。

# 6 手続④ 相手の探し方

## (1) M&Aの相手の探し方

　経営者の方とM&Aに関する話をしていると、「M&Aに興味があるのですが、相手はどうやって探したらよいのですか？」とか「社内の後継者がいないので、外部で事業をしっかりと承継してくれる人を探したいのですが、どうやったら探せるのですか？」と尋ねられることがあります。M&Aの相手探しにはさまざまな方法がありますが、大きく経営者の個人的な人脈で探す場合とアドバイザーなどの外部協力者を通じて探す場合があります。

## (2) 経営者等の人脈を通じて探す方法

　まず、経営者の人脈を通じて探す方法は、たとえば、取引関係にある企業同士の場合や、競業関係であっても経営者同士が顔見知りであるような場合などがあります。すでに社長同士が顔見知りの場合には、M&Aもスムーズなスタートを切ることができますが、この場合にはM&Aがブレークして話が破談になってしまった場合のリスクが大きいので注意が必要です。買い手であっても売り手であっても、M&Aの当事者は、M&Aの手続の過程でお互いの会社や事業の情報を開示し合います。M&Aの過程で開示する情報の中には、平常時であれば企業秘密として厳重に管理している情報も多分に含まれています。M&Aの当事者は秘密保持契約を締結したうえで、これらの情報を開示し合いますが、いったん相手に渡ってしまった情報がどのように活用されているかを認識することは容易ではありません。M&Aの話が破談になって、情報を開示した相手に秘密保持義務に違反していると思われる

疑わしい状況を発見したとしても、その相手に対して秘密保持義務違反の請求を行うことは現実的には困難な場合が多いものです。人脈を通じてM&Aの相手を探す場合には安心感はあるものの、それまでの関係性が近い分、万が一、M&Aが破談になった場合の情報開示リスクが大きい場合があるので慎重に進める必要があります。

### (3) 外部協力者を通じて探す方法

次に、アドバイザーなどの外部協力者を通じて相手を探す方法があります。この方法の場合には、より広い範囲から売り手や買い手を探すことが可能になります。たとえば、売り手が仲介会社に依頼すると仲介会社は「ノンネームシート」と言われる会社情報を集約した資料を作成することになります。この資料には、売り手の会社の業種、事業所の所在地、従業員数、売上高、利益、売却希望額、会社や事業の特徴など、ある程度の企業情報が記載されています。会社名はもちろん匿名のまま開示されます。そして、仲介会社は

［図2－6－1］　相手の探し方

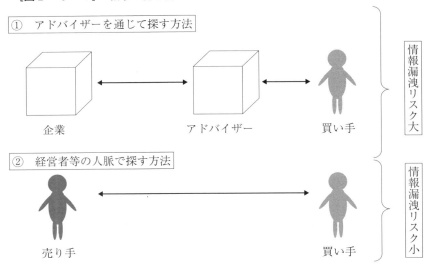

この「ノンネームシート」に基づいて情報を開示し、買い手の希望者を募るという流れになります。この方法で進める場合は、より広い範囲から売り手や買い手を探すことになる分、情報に接する人も増えるので、情報漏えいリスクが高まります。ただし、事業再生型のM&Aなど、とにかく限られた時間の中で買い手を探す必要がある場合には、一定の効果が期待できると思います。

## 手続⑤
# 7 秘密保持契約の締結（トラブルポイント②）

### (1) NDAやCAとは

　M&Aの相手がみつかった場合には、相手と秘密保持契約を締結したうえで、情報開示の手続に進んでいきます。この秘密保持契約には「NDA」とか「CA」という略語が使われることがあります。「NDA」は「Non‒disclosure Agreement」の略語で、「CA」は「Confidential Agreement」の略語です。難しい横文字が使われると大袈裟なもののように感じるかもしれませんが、いずれにしても内容は「秘密保持契約」ということで、「お互いに開示したり開示されたりする秘密情報をしっかりと守りましょう」という内容に違いはありません。売り手側でも、買い手側でも、資産価値の評価や株価の算定やM&Aを実行する相手としてふさわしい相手かなど、M&Aの可否を検討する前提として、情報の開示を行う必要があります。特に、M&Aでは売り手は買い手に対して多くの情報を開示せざるを得ません。M&Aで開示される情報の中には、財務情報、顧客や取引先の情報、技術情報、その他、企業の存立と存続の基盤を脅かしかねない重要な秘密情報が含まれています。これらの情報は企業や事業の存続をも脅かしかねませんので、情報漏洩は、M&Aが実行されるかどうかだけではなく、今後の売り手の存続自体に影響を与えることにもなりかねません。そのため、相手に情報提供を行うに先立って、当事者間で秘密保持契約を締結することが重要です。

## (2) 秘密保持契約締結の段階もM&Aのトラブルポイントの1つ

そして、この秘密保持契約締結の段階も、「2　M&Aの4つのトラブルポイント」で説明したように、トラブルが発生しやすいところですので、慎重に進める必要があります。秘密保持契約が締結される目的は、契約交渉において売り手と買い手が相互に開示し合う秘密情報が第三者に流出したり、契約交渉とは異なる目的で使用されたりすることを防止することです。秘密保持契約書の条項を確認する際のポイントを、以下、順に説明します。

### (A) 秘密情報を開示する目的

秘密保持契約を締結する目的は、秘密情報を開示した当事者が許諾した目的と範囲においてのみその秘密情報を使用するように相手方に義務づけるためです。そのため、秘密保持契約書の中に、開示する目的を規定します。開示の目的を限定することで、それ以外の目的での利用を制限するためです。【サンプル1】は開示の目的を規定していますが、それにあわせて【サンプル2】のように目的外使用を禁止する規定を設けて、相手に直接的な義務を負わせます。

【サンプル1】

> 第○条（開示の目的）
> 　　A及びBは、Aが保有する○○部門の営業並びにこれに関連する資産及び負債（以下「本件事業」と総称する）のAからBへの譲渡（以下「本件事業譲渡」という）を検討するに際し、必要な情報（本契約に基づき開示される情報の範囲は第○条に規定するものとし「本件情報」と総称する）を互いに開示することに合意する。

【サンプル2】

> 第○条（目的外使用の禁止）
> 　A及びBは本件情報を本件事業譲渡の検討のためにのみ使用するものとし、その他の用途にこれを使用してはならない。

### (B) 秘密情報の物的範囲

　次に、お互いが秘密保持義務を負う情報の範囲を限定する必要があります。どの範囲の情報が秘密情報として保護されて、保管や開示や漏洩をしないように義務づけられるのかを確認するためです。【サンプル1】から【サンプル4】をご覧ください。M&Aの当事者は秘密裡に交渉を行っていることが一般的です。そのため、そのような場合には【サンプル1】や【サンプル2】のように「交渉を行っている事実」自体を秘密情報として定義することが特徴的です。「秘密」の範囲をどのように規定するかは、契約の当事者が自由に定めることができる部分ですので、実情にあわせてしっかりとその内容を確認しておく必要があります。また、規定の仕方としては、【サンプル1】のように秘密情報の定義規定を設けたうえで、【サンプル2】のように秘密保持義務を別途規定する方法もあれば、【サンプル3】のように定義規定と秘密保持義務を1つの条項として規定する場合もありますが、どちらを採用するかは他の規定の配列や全体の契約書としてのボリューム等を勘案して決定すればどちらでも問題はありません。また、実務上はそもそも開示された情報が秘密情報として保護の対象に該当するか否かが争われる例も少なくはありません。そのような場合に備えて【サンプル4】のような形で、対象となる情報媒体に営業秘密としての明示を行わせる規定を設けることも有益です。

## 【サンプル1】

第○条（定義）
1　本契約において秘密情報とは、書面、口頭その他の方法を問わず、A又はBから相手方に開示された開示者の営業上、技術上その他一切の業務上の情報並びにA及びBが本件事業譲渡の協議・検討・交渉を行っている情報（以下「本件秘密情報」という）をいう。
2　前項の規定に関わらず、次の各号の一に該当する情報は本件秘密情報には該当しないものとする。
　　①　相手方から開示される前に公知であったもの
　　②　相手方から開示された後に自らの責めによらず公知になったもの
　　③　相手方から開示される以前から自ら保有していたもの
　　④　正当な権限を有する第三者から秘密保持義務を負わずに知得したもの
　　⑤　相手方から開示された本件秘密情報と関係なく独自に開発したもの

## 【サンプル2】

第○条（秘密保持義務）
1　A及びBは、本件秘密情報を厳格に保管・管理するものとする。
2　A及びBは事前に相手方から書面による承諾を得た場合を除き、本件秘密情報を本契約に定める第三者以外の第三者に開示又は漏えいしてはならない。ただし、裁判所からの命令、その他法令に基づき開示が義務付けられている場合にはこの限りではない。
3　A及びBは、前項但書に基づき、本件秘密情報を第三者に開示しなければならない場合には事前に書面により相手方に通知するものとする。

## 【サンプル3】

第○条（本件情報の物的範囲）
　　A及びBに、事前に相手方の文書による承諾がない限り、互いに本件事業譲渡に関する協議・検討・交渉に際して知り得た全ての知識及び情報並び

に本件事業譲渡に関する協議・検討・交渉に関連する事実（以下「本件秘密情報」と総称する）を第三者に開示又は漏えいしてはならない。ただし、次の各号のいずれかに該当する場合にはこの限りではない。
① 相手から開示を受けた時点で既に公知となっていた情報
② 相手方から開示を受けた後に公知となった情報
③ 相手方から開示された時点で既に取得していた情報のうち直接的にも間接的にも相手方から入手したものではないことを立証し得る情報
④ 第三者から入手した情報のうち当該第三者が直接的にも間接的にも相手方から入手したものではないことを立証し得る情報

## 【サンプル4】

第〇条（営業秘密であることの表示）
　A及びBは、本件秘密情報に含まれる情報を相手方に開示若しくは交付する場合には、その開示・交付する情報の記録体（文書、図面、仕様書、フロッピーディスク、CD、パソコンデータ、写真等を問わず一切の記録媒体を含むものとする）又は当該情報の化体物に対して保有者と秘密情報であることを示す㊙マークを付して開示・交付するものとする。

### (C) 秘密情報の人的範囲

　続いて、秘密保持契約書では、当事者が秘密保持義務を負う人的な範囲を規定します。【サンプル1】をご覧ください。ポイントは、秘密保持契約を締結する当事者以外のM&Aへの関与者にも秘密保持義務を遵守させる点です。また、単に「外部協力者に秘密保持義務を負わせる」と規定しても、その実効性が確保できるかは明らかではないので、【サンプル2】では、情報受領者が情報を開示した外部協力者からも「秘密保持誓約書」を提出させて、情報の受領者側に将来秘密保持義務違反が生じた場合の証拠を確保するところまで手当てをしています。いずれにしても、情報の受領者が依頼しているM&Aの外部協力者に対しても秘密保持義務を負担させることを明示

することが重要です。

【サンプル１】

第〇条（人的範囲）
　Ａ及びＢは、第〇条に規定した秘密保持義務を、本件事業譲渡に関する協議に関与する自己の役員、従業員、コンサルタント、会計士、税理士、ファイナンシャルアドバイザー、弁護士、その他外部専門家等（以下「役員・従業員等」と総称する）に対しても遵守させるものとする。

【サンプル２】

第〇条（開示の人的範囲）
1　Ａ及びＢは、本件秘密情報を、自己の役員、従業員、コンサルタント、会計士、税理士、ファイナンシャルアドバイザー、弁護士、その他外部専門家等（以下「役員・従業員等」と総称する）にのみ開示することができるものとする。なお、この場合、Ａ及びＢは、これらの者に対して本契約に定める秘密保持義務と同内容の秘密保持義務を遵守させるものとし、これらの者の行為に責任を負うものとする。
2　Ａ及びＢは、前項の規定に基づき役員・従業員等に本件秘密情報を開示する場合には、これらの者から在職中若しくは退職後、又は契約中若しくは契約期間後を問わず、本件秘密情報を厳重に保管し、自己又は第三者のために取得・使用・開示・漏えいさせない旨並びに本件秘密情報をＡ又はＢの事業と競合する事業に要しない旨を記載した秘密保持誓約書を徴収し、相手方にこれを開示・交付するものとする。

(D)　**秘密保持義務の管理体制**

　下記【サンプル】のように、当事者に秘密保持義務の管理体制を指定することも有益です。管理体制を当事者の義務として規定しておくことで、本件秘密情報の開示や漏えいを防ぐための一般予防効果もあると思いますし、万が一、本件秘密情報の漏えいが生じた場合の漏えい当事者の義務違反の内容

を明確にすることにも資するからです。

【サンプル】

> 第○条（秘密保持義務の管理体制）
> 　　A及びBは、相手方から本件秘密情報に含まれる情報の開示又は交付を受けた場合には、施錠設備のある金庫やパスワードによりアクセスが制限されるコンピュータデータファイルなど適切な場所に保管し、それにアクセスできる役員・従業員等を限定するために必要な措置を講じなければならないものとする。

### (E) 複製に対する対応

　M&A手続の中では、相手方に多くの情報が開示されることになりますが、紙媒体でも電子媒体でも容易に複製することが可能です。そのため、複製の可否に関しても秘密保持契約書で規定しておく必要があります。もっとも、M&Aの検討を行うに際して、資料の複製を行う必要性が高い場合もあるので、当事者の実情にあった規定にしておく必要があります。【サンプル1】は複製を禁止する内容となっていますが、【サンプル2】は必要に応じて複製は認めるものの、複製に対するチェックができるように義務づける内容となっています。いずれにせよ、リスクヘッジを可能な限り行いつつ、M&Aを実行する目的にかなった必要かつ十分な規定にすることが大切です。

【サンプル1】

> 第○条（複製の禁止）
> 　　A及びBは、相手方から入手した本件秘密情報を事前に相手方の書面による同意なくしていかなる方法でも複製してはならない。

【サンプル2】

> 第○条（複製）

> A及びBは、相手方から本件秘密情報に含まれる情報の開示又は交付を受けた場合で、本件事業譲渡の検討を行うに際しコピーをする必要がある場合には作成したコピーの部数を記録し、若しくは使用後に廃棄する場合には廃棄した旨の記録を作成し、速やかに相手方に書面による報告を行わなければならない。

### (F) 契約終了後の措置

続いて、M&Aの話が途中で破談になったり、交渉が決裂したりすることがあります。そのような場合に備えて、【サンプル】のように、秘密保持契約が終了した場合に、M&Aの検討過程で当事者が開示し合った情報をどのように扱うかを規定しておく必要があります。

【サンプル】

> 第○条（本契約終了後の対応）
> 　　A及びBは、本契約が解除された場合には、相手方に対して、直ちに本件事業譲渡に関する協議・検討・交渉において相手方から開示された情報を返却し、当該情報が化体された媒体（全ての複製物を含む）を作成・保持しているときはこれを廃棄除去するものとする。

### (G) 秘密保持義務を負う期間

また、一度、情報の開示をしてしまった場合、情報が記録された媒体を返却したとしても、情報に接した人間の記憶には秘密情報が残置されてしまっている可能性があります。そのため、通常、秘密保持義務の存続期間についての規定が設けられます。たとえば、【サンプル1】のように「本契約に基づく当事者の義務は、本件M&Aの成約の可能性がなくなった後においても、本契約締結後○年間は存続するものとする」といった規定です。「○」の部分には数字が入ることになりますが、法律で「何年」と規定されているわけではないので、当事者の合意と秘密情報の重要性に応じて、当事者が妥当と感じるであろう数字を記入してください。

第2章　M&Aにおける心掛け

【サンプル1】

第○条（期間）
　本契約の義務は、理由のいかんを問わず本契約が終了した場合であっても、本契約締結後○年間存続するものとする。

【サンプル2】

第○条（期間）
　A及びBは、本契約終了後も本契約に規定する義務を負うものとし、本件秘密情報を本契約に定める場合を除き第三者に開示又は漏えいしてはならない。

(H)　その他

上記以外にも、紛争が生じた場合の裁判にあたっての専属的合意管轄（特に遠隔地の相手とM&Aの交渉を行う場合）など注意すべき点は多岐にわたります。いずれもM&Aを安全かつ確実に実行するためには重要なポイント

[図2－7－1]　秘密保持契約締結における注意点

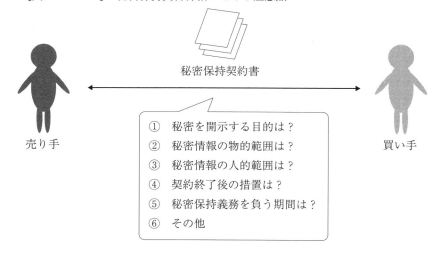

7　手続⑤・秘密保持契約の締結（トラブルポイント②）

ですので、アドバイザーやM&Aの相手から提示された秘密保持契約書に疑問を抱かずに署名押印をするのではなく、また、自分たちだけで即断して契約を締結したりせずに、弁護士等の法律の専門家にチェックを受けたうえで締結するようにしてください。

## 8 手続⑥ 基本条件の交渉

### (1) 当事者の意向の確認とすり合わせ

　秘密保持契約が締結された後に、売り手から買い手に対する資料の開示が行われます。開示される資料の内容や量は案件によってさまざまですが、相当細かな資料まで要求されることがあります。その後、アドバイザー等を通じて売り手と買い手との間の双方の意向のすり合わせ作業が行われます。また、売り手と買い手のトップ同士の会談や現地確認なども行われます。これらの話合いや交渉の際に、譲渡希望価格、社長の退職金、社長の待遇、社長の個人保証の取扱い、従業員の引継ぎ、従業員の待遇、役員構成、商号の使用の可否、事務所や営業所の利用、保有不動産の取扱い、M&Aの実行方法や時期などの諸条件について、当事者双方の意向を出し合いながら条件のすり合わせを行い、M&Aの基本的な大枠についての合意をめざしていくことになります。

### (2) スキームの選択と決定

　その中の重要なポイントの1つが、M&Aを「どのようなスキームで実行するか」と「どのようなタイミングで実行するか」です。たとえば、売り手としては、売却対価から税金を引いた後の手取り額がいくらになるか、対価の種類は何か（金銭なのか株式なのか）、対価の帰属先はどうなるのか（個人か会社か）といった点に強い関心があると思いますので、これらの条件に即したスキームを選定する必要があります。他方で、買い手としては、M&Aを実行した後の資本関係、課税関係、資金負担、会計処理、簿外債務や偶発

債務のリスク、事務負担、M&A後の統合に及ぼす影響といった点に強い関心があると思いますので、これらの点について確認して合意し得るスキームとタイミングを選定する必要があります。これらの判断に際しては、法律、会計、税務等に関する専門知識が必要になるので、外部協力者のアドバイスのもとで進めていく必要があります。

[図2－8－1] スキームの選択と決定

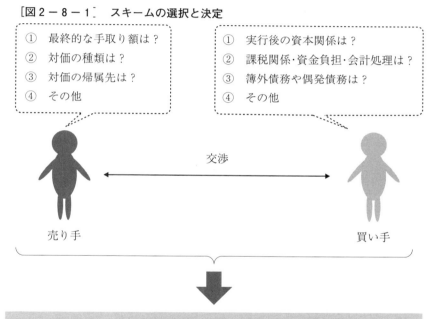

## 9 手続⑦ 基本合意書の締結（トラブルポイント③）

### (1) LOI や MOI とは

　基本条件の交渉を行い、想定し得るスキームを含めて大枠が決定した段階で、それまでの合意事項を書面にまとめて、基本合意書を締結します。この場面で「LOI」や「MOU」といった表現が使われることがあります。「LOI」は「Letter of Intent」の略語で、「MOU」は「Memorandum of Understanding」の略語なのですが、いずれにしても基本合意書の締結の段階で当事者間において締結される書面です。なお、「8　基本条件の交渉」までの場面では、買い手が複数いる場合がありますが、基本合意書を締結する段階では、買い手は1社に絞られることになります。

### (2) 基本合意書の締結の段階も M&A のトラブルポイントの1つ

　そして、この基本合意書を締結する段階も、「2　M&Aの4つのトラブルポイント」で説明したとおり、トラブルが発生しやすいところの1つです。そのため、トラブルが発生しないように慎重に対応を進めることが必要です。
　［図2-9-1］（事業譲渡における基本合意書）をご覧ください。この図は、A社からB社に対してA社が営む○○事業を事業譲渡する場合のイメージ図です。この事例を前提として、基本合意書にはどのような条項が定められるかについて、説明していきます。どのようなM&Aのスキームを用いる

## 9 手続⑦・基本合意書の締結（トラブルポイント③）

かによって基本合意書に規定する個別の条項の内容もさまざまです。そのため、実際には事案に即した個別の判断が必要になりますが、まずは、一般的な基本合意書のイメージを理解することが大切です。また、今回は事業譲渡の場面での基本合意書をモデルに説明しますが、事業譲渡以外のM&Aのスキームにも共通するところも多いので、参考にしてください。

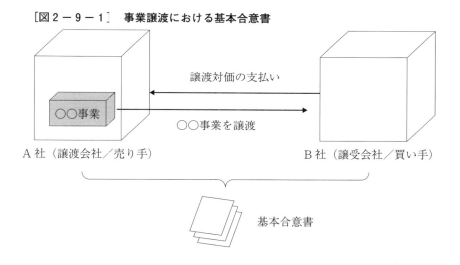

［図2−9−1］　事業譲渡における基本合意書

### (A) 大まかな方向性を定める

【サンプル】をご覧ください。今回はA社のB社に対する事業譲渡の例ですので、まずは、A社からB社に事業を譲渡し、B社がA社から事業譲渡を受けるという基本的な枠組みを規定します。また、基本合意書を締結した後に、最終合意書を締結するまでの大まかな予定日を記載し、今後の手続についての大まかな方向性も規定しておきます。

【サンプル】

第○条（事業譲渡）

> 1　AとBは、Aが保有する○○部門の営業並びにこれに関連する資産及び負債（以下「本件事業」と総称する）をAからBに譲渡し、Bがこれを譲り受けること（以下「本件事業譲渡」という）を合意した。
> 2　前項の事業譲渡のための事業譲渡契約（以下「最終合意書」という）締結日は平成○年○月○日を目途として、ABの協議によりこれを定める。

### (B)　M&Aの対象とする資産や負債の範囲を明確にする

次に、A社からB社に譲渡する対象を明確にします。通常は対象とする資産や負債の内容が多岐にわたることが多いため、契約書本文の条項では以下の【サンプル】に記載した程度の規定にとどめ、詳細は基本合意書の別紙としてリストを添付したりします。ここでの注意点は、文言や表現上、事業譲渡対象の資産や負債が十分に特定できているかという点と、対象とする資産や負債に漏れがないかという点です。事業譲渡においては契約の定めによって譲渡会社から譲り受ける債務を一切承継しないとすることも可能ですが、譲渡会社の財務状態によっては、当該事業譲渡が民法上の詐害行為取消権や破産法上の否認権等の対象になる可能性があるので注意が必要なところです。そのため、資産や負債や契約の特定の可否については、専門的な判断が必要になるので、弁護士などの専門家に相談して確認することが必要です。

【サンプル】

> 第○条（譲渡財産）
> 　AがBに対して譲渡する資産の内容は別紙1「譲渡対象資産目録」に、負債の内容は別紙2「引受債務目録」に、契約の内容は別紙3「契約上の地位目録」（以下「本件譲渡財産」と総称する）にそれぞれ記載する。

### (C)　デューディリジェンスのスケジュールや具体的内容を規定する

デューディリジェンスの実施内容や今後のスケジュールを規定します。以

下の【サンプル】では、第1項でデューディリジェンスの基本的枠組みを規定し、第2項でデューディリジェンスの期間や調査対象について明記する形になっています。

【サンプル】

> 第○条（買収監査の実施）
> 1　Bは、本合意書締結後遅滞なく、Bの費用負担において、○○監査法人及び○○法律事務所により、Aの買収監査を行うものとし、Aは、当該買収監査に全面的に協力するものとする。
> 2　前項に記載した買収監査は、平成○年○月○日に開始し平成○年○月○日までに終了しなければならない。また、同買収監査は、平成○年○月○日現在のAの貸借対照表、損益計算書その他の財務資料、Bが必要とするAの契約書等の一切の書類を精査して行われるものとする。

(D)　事業譲渡の対価の内容と決定方法を規定する

基本合意書の締結段階で、ある程度の金額または金額の算定方法を決めておくことになります。もちろん後のデューディリジェンスで金額が変動する旨も基本合意書には盛り込みます。デューディリジェンスの結果、瑕疵やリスクが発見されることがあるので、実際には価格の大幅な修正の交渉が行われる場合があります。この場合によく争いになるのは、①どのような方法で調整を行うか、②誰が最終的な調整額を決めるかです。価格調整を行う際には公認会計士や税理士の意見を聞いたうえで最終的な価格決定を行う例が多いと思いますが、多くの場合、A社（売り手）が選んだ公認会計士はA社（売り手）に有利な方法で評価を行うのに対し、B社（買い手）が選んだ公認会計士はB社（買い手）に有利な方法で評価を行うことが通常です。そのため、追加の費用が発生することにはなりますが、A社（売り手）とB社（買い手）の双方が合意したうえで第三者の公認会計士や税理士を選定して価格調整の判断を委ねる方法が採用されることもあります。

【サンプル】

> 第〇条（譲渡対価）
> 1　本件事業譲渡の対価は、AからBに対して本件譲渡財産が全て承継されることを前提に、金〇〇〇〇〇〇〇〇〇円（以下「本件基準価格」という）を基準とする。
> 2　Bが行う買収監査において、Aの事業内容及び財務内容に関して隠れたる瑕疵が発見された場合、本件基準価格は、当該瑕疵が事業に及ぼす影響の度合いに応じて、AB協議の上修正されるものとする。

### (E)　従業員の引継ぎ

事業譲渡の場合、A社で雇用されていた従業員は、A社からB社に対する事業譲渡契約が成立して、事業譲渡が実行されたとしても、当然にA社からB社に対して承継されることにはなりません。以下の【サンプル】は、一度A社で雇用されていた従業員に退職してもらったうえで、別途、B社が新規に雇用するという内容になっていますが、従業員を出向によって引き継いだり転籍によって引き継いだりすることも行われるので、その場合にはそれに適した規定を設ける手当てが必要です。

【サンプル】

> 第〇条（従業員の引継ぎ）
> 1　AとBは、本合意書締結日現在、Aが本件事業のために雇用している従業員は別紙4「従業員リスト」記載の各従業員（以下「本件従業員」という）であることを相互に確認する。
> 2　本件従業員は本件事業譲渡日にAを退職し、同日以降、従前と同一の条件でBと雇用契約を締結する。ただし、Bとの雇用契約の締結に同意しない従業員については、この限りではない。

### (F)　情報開示のルール

契約当事者が上場会社の場合には基本合意書を締結した段階で、適時開示

を行う必要がある場合があります。その場合には以下の【サンプル1】のような規定を設けます。その際に注意しなければならないことは、買い手（B社）よりも売り手（A社）です。もし、以下の【サンプル1】のように情報開示を認める内容での条項をおいて実際に情報開示が行われてしまった後に、デューディリジェンスを行い、その後にB社が手を引いたということになると、A社の経営等に関して、さまざまな憶測をよぶことになります。そのため、A社としては基本合意書を締結する時期、基本合意書の中の情報開示の規定を盛り込むとしても法的拘束力の有無などに注意をする必要があります。他方で、非上場会社間の事業譲渡で、情報開示を認めない方向で進める場合には【サンプル2】のような規定を設けます。

【サンプル1】

> 第○条（情報開示）
> 　Bは、金融商品取引法及び○○○○証券取引所の適時開示に関する規則に従い、本合意書の締結及び本合意書の内容について必要な範囲の開示を行うものとし、Aはこれに同意する。

【サンプル2】

> 第○条（情報開示）
> 　A及びBは、事前に相手方の書面による承諾がない限り、本合意書の内容及び本契約締結に至った事情、その他本件に関する一切の情報を第三者に開示又は漏えいしてはならないものとする。

(G) 事業価値を毀損しないための規定

A社の事業価値やA社の資産価値が毀損されることがないように以下の【サンプル1】および【サンプル2】のような規定を盛り込むことを検討します。

## 第2章　M&Aにおける心掛け

【サンプル1】

第○条（本合意書締結後のAの事業の運営）
1　本合意書締結後、最終合意書締結日までの間、Aは善良な管理者における注意をもって、その業務を行い、かつ本件譲渡財産を通常の稼働状態において維持するものとする。
2　本合意書締結後、最終合意書締結日までの間、Aは、本合意書締結日現在の役員、従業員等、その事業に従事するものの営業組織を維持するものとする。
3　Aは、本合意書締結後、最終合意書締結日までの間、以下の各号に定める行為を行ってはならない。
　　① 本件譲渡財産の売却、賃貸、使用許諾その他の処分
　　② 本件譲渡財産への抵当権、質権、その他一切の担保権の設定
　　③ 本件譲渡財産の改造、変更、併合その他内容の変更
　　④ 新たな債務負担
　　⑤ その他、本合意書に基づく事業譲渡の実行を制約する行為

【サンプル2】

第○条（取引内容の維持）
　　Aは、本基本合意書締結後も、Aの取引先がAとの取引を停止又は終了したり、取引量を減少させたりすることがないように努めるものとする。

### (H)　優先交渉権や類似交渉の禁止の規定

　A社（売り手）がB社（買い手）のみならず、他の第三者とも事業譲渡の交渉を進めていて、より有利な条件を提示してきた相手と契約を締結しようとしているような場合には、B社（買い手）としては多大な労力や費用をかけて行っている現在の交渉や検討が無駄になってしまう可能性があります。このような事態を回避して、交渉や検討に要する費用などのコストを節約するためにも、B社（買い手）としては優先交渉権を確保しておくことが重要

です。優先交渉権を付与する期間は、個々の案件によってさまざまですが、2カ月から3カ月程度の期間を定める例が多いのではないかと思われます。

【サンプル1】

> 第〇条（優先交渉権）
>   Aは、本基本合意書の有効期間中、B以外の第三者との間でAの〇〇事業部門の事業譲渡又はこれに類する交渉を行ってはならないものとする

【サンプル2】

> 第〇条（類似交渉の禁止等）
>   Aは、本基本合意書締結日から最終合意書締結完了までの間、株主による株式譲渡の承認、増減資、第三者との間で合併、会社分割、株式交換、株式移転につき、一切の情報交換、交渉、合意、契約を行ってはならないものとする。

### (I) 誠実交渉義務

　基本合意書を締結した後に、最終合意書の締結に至るまで、当事者が誠実に交渉を行うような義務を負担し合う規定を定めることがあります。この規定は誠実交渉義務条項と言われます。この誠実交渉義務の規定がなくても、基本合意書を締結した後に、当事者が誠実に交渉を行わない場合には「信義則に基づき契約締結上の過失」や「不法行為」といった理論に基づき相手に損害賠償請求を求めていくことが可能な場合もあります。ただ、基本合意書に誠実交渉義務が明文で規定されていれば、これらの理論を持ち出さなくても基本合意書に基づいて請求を求めていきやすくなるといったメリットがあります。

【サンプル】

> 第〇条（誠実交渉義務）

> A及びBは、基本合意書締結後、○年○月○日までに、基本合意書に定められた内容に沿った最終合意書を締結するべく誠実に交渉を行うものとする。

### (J) 取引先の承継の規定

A社（売り手）とB社（買い手）の間で事業譲渡契約を締結したとしても、A社（売り手）が第三者と締結していた取引契約上の契約上の地位は、A社（売り手）からB社（買い手）に対して当然に承継されるわけではありません。そのため、取引先の承継については、以下のような規定を設けて手当てをしておく必要があります。

【サンプル】

> 第○条（取引先の承継）
> A及びBは、譲渡日現在のAの○○部門の取引先をBに円滑に引き継ぐべく、相互に協力をするものとする。

### (K) 法的拘束力の有無

基本合意書を締結する段階では、一部の条項を除いて法的拘束力をもたせない場合があります。なお、基本合意書自体が法的な拘束力のない覚書であると解釈されてはいますが、法的拘束力の有無の範囲はあくまで当事者が合意で定めることができます。そのため、当事者が法的拘束力をもたせたい規定を合意したうえで、その範囲を明確にするために【サンプル】のように規定します。

【サンプル】

> 第○条（法的拘束力）
> 本基本合意書の規定は、第○条（買収監査）、第○条（営業資産や営業組織の維持）、第○条（秘密保持義務）、第○条……（略）……第○条（専属的合意管轄の規定）を除いて法的拘束力を有しないものとする。

## 9 手続⑦・基本合意書の締結（トラブルポイント③）

### (L) 契約解消の場合のルール

デューディリジェンス後に、あらためて A 社（売り手）と B 社（買い手）との間で最終合意書の締結に向けての交渉が行われることになりますが、デューディリジェンスの結果、看過しがたい重大な瑕疵が発見されたような場合など、最終合意書の締結以前に契約関係を解消する場合に備えた規定を設けておく必要があります。

【サンプル】

---

第○条（解除）
1 B は本合意書締結後、最終合意書締結日までの間において、次の各号に該当する事由が生じた場合には、A に対する書面による通知によって本合意書を解除することができるものとする。
　① 本合意書締結後、最終合意書締結日までの間に、A の財務内容、資産状態につき重大な変動が生じ、第○条に定める譲渡対価の修正を行っても、B が本件事業譲渡の目的を達成することが著しく困難であると認められるとき
　② 第○条に定める買収監査の結果、A の財務内容、資産状態につき、本合意書締結以前に A から B に対して開示されていなかった瑕疵が発見され、第○条に定める譲渡対価の修正を行っても、B が本件事業譲渡の目的を達成することが著しく困難であると認められるとき
2 A 又は B が本合意書のいずれかの条項に違反し、他方の当事者が書面により相当期間を定めて改善を要求したにも関わらず、同期間内に改善がされない場合には、他方当事者は相手方に対して改めて書面による通知を行うことによって本合意書を解除することができるものとする。

---

### (M) その他

すでに秘密保持契約を締結している段階ではありますが、あらためて守秘義務の条項を設けたり、万が一、裁判上の紛争が生じた場合の専属的合意管轄（特に相手が遠隔地に所在している場合）を設けたりする必要があります。

また、なかには秘密保持契約を締結しないまま基本合意書を締結する場合がありますが、その際には秘密保持義務を課す条項を設ける必要があるので注意が必要です。

### (3) 基本合意書の内容はさまざま

　ここまでは、事業譲渡のスキームでM&Aが行われる場合の例について説明してきましたが、この例は、基本合意書を締結する段階である程度まで基本条件の交渉が煮詰まっている事例です。ここまでの段階で条件が煮詰まっていないような場合には、大まかな骨格だけを記載した基本合意書（A4判用紙で1枚程度）を締結して、デューディリジェンスの手続に入る場合も少なくありません。また、基本合意書にはこのような内容を定めなければならないといった確立したルールは存在しませんので、たとえば、「A社の経営者が事業譲渡実施後もB社の顧問の肩書で一定期間、引き続き〇〇部門の事業に従事する」などの規定を設けるなど、案件ごとに売り手・買い手それぞれの意向に沿って必要かつ十分な記載を行うことが大切です。個別の事案で、実際にどのような法的リスクがあるかを十分に検討したうえで、それらを漏れなく記載することが大切ですので、M&Aに関する知識と経験が豊富な弁護士の法的チェックを受けたうえで締結することが肝要です。

## 手続⑧・手続⑨
# 10 詳細調査の実施と調査結果に基づく交渉

### (1) デューディリジェンスとは

　基本合意書を締結した後は、買い手の買収監査（デューディリジェンス）の段階に入ります。デューディリジェンスとは取引に際して行われる、対象企業や不動産・金融商品などの資産の調査活動のことです。デューディリジェンスは、「Due」（適正な）と「Diligence」（努力）を組み合わせてつくられた造語です。買い手は、売り手の会社や事業の経営実態を把握するとともに、問題点の有無をチェックするために詳細調査を行います。買い手はデューディリジェンスの結果を踏まえて、基本合意の内容に対する修正の可否や最終合意に進むか否かなど、M&Aの実行に向けた最終判断を行うことになります。デューディリジェンスは、M&Aの対価額の交渉・決定、M&Aの実行後の対象企業や対象事業の運営（期待しているシナジー効果の検証・統合リスク等）、最終的なM&Aの実行といった重要な経営判断に資する資料や情報を収集するために行われるのです。

　買い手の立場でM&Aを行うにあたっては、このデューディリジェンスを行うことが不可欠です。それにもかかわらず、私のこれまでの業務経験の中でも、小規模のM&Aでは「それほどの費用や手間暇をかけてデューディリジェンスなんてやらなくてもよいのではないですか？」「もう大体わかったから大丈夫ですよ」などと言われたことがあります。ですが、実際にデューディリジェンスで大きなリスクが発見されたことも一度や二度ではあり

*115*

ません。不良在庫が発見されたり、回収不能な売掛金が発見されたり、独占的な販売権をもっていると言っていたのにデューディリジェンスで精査したところ独占的な販売権が確保されていなかったり、近隣相場と同程度の価格のついている不動産でも地震の影響による構造上の問題を抱えていたり、そもそも事業自体が法律に反した違法なものだったりしたこともありました。

M&Aにおいて、売り手は、できるだけ早く少しでも高く会社や事業を売りたいと考えますし、当事者の交渉の限られた時間の中で、会社や事業の本当の姿を知ることができるほうがまれだと思います。そうすると、安全かつ確実なM&Aを実行するためには、デューディリジェンスを行い、対象とする会社や事業の本当の姿を少しでも正確に把握するように努めることが必要です。

## (2) デューディリジェンスの内容

デューディリジェンスには、大きく以下の(A)～(D)の種類があります。調査の範囲や調査の対象、そして調査をどこまで詳細に行うかについては、買い手の意向やスタンスによってさまざまなので、一概に言うことはできません。また、詳しく調べようとすればきりがありませんし、具体的な調査の内容は、企業の規模や時間的な制約などによって異なってくるので、費用対効果を見据えながら、本当に必要かつ適切な範囲でのデューディリジェンスを実施することが重要です。

### (A) 事業デューディリジェンス

事業デューディリジェンスの主体は、経営コンサルタントや買い手の担当者です。事業デューディリジェンスは、売り手の会社や事業の市場規模、市場占有率、ブランド、ノウハウ、信用力、営業力、マネジメントの内容と現状、業界の将来性、競合企業の状況等、売り手の会社が営んでいる事業の強みや弱み、シナジーや統合の際のリスクなどを検討し、対象会社（売り手）が営んでいる事業の将来性や事業の抱えるリスクなどを見極めるために実施

されます。

(B) **財務デューディリジェンス**

　財務デューディリジェンスは、財務、会計、税務に関するデューディリジェンスで、監査法人や会計事務所や税理士が主体となって実施しますが、買い手の財務部門や財務担当者もチームに入って実施したりする場合もあります。M&Aの対価額の交渉・決定、M&Aの実行後の対象企業や対象事業の運営、買い手が期待しているシナジーの検証、M&Aによって生じるリスクの把握と検討等、最終的なM&Aの実行といった重要な経営判断に資する資料や情報を収集するために行われます。過去の財務状況や現在の財務状況を評価したうえで、将来の収益状況の予測を行ったりします。

(C) **法務デューディリジェンス**

　法務デューディリジェンスは、企業法務を業務分野とする法律事務所が中心になって行います。法務デューディリジェンスでは、①M&Aのスキームを実行するうえでの法律上の問題点はないか、②対象会社（売り手）の事業の価格評価に影響を与える法律上の問題点はないか、③買収後の事業計画に影響を与える法律上の問題点はないか、④買収後に改善すべき法律上の問題点はないかなどを検討していきます。たとえば、売り手が行っている取引に関する契約書のレビューやスキームの適法性の検討、売り手の株主の変遷の有無や適法性、株主総会議事録や取締役会議事録や各種規程の整備状況や内容、不動産や知的財産に関する権利関係の有無、許認可の有無、潜在する訴訟リスクの有無、機関設計や株式の帰属の有無、サービス残業や未払残業代の有無、行政からの指導の有無、セクハラやパワハラ被害の有無などを確認します。

(D) **その他のデューディリジェンス**

　以上の(A)から(C)以外にも、人事労務コンサルタントが主体となって経営者やキーパーソンのモチベーションや能力、企業年金の調査、労働条件、未払残業代、未払社会保険料の状況、人事システムなどを評価するために実施さ

*117*

れる「人事デューディリジェンス」や、土壌汚染コンサルタント等が主体となって工場や工作物の土壌汚染状況や地下水汚染問題等を調査する「環境デューディリジェンス」や、不動産鑑定士が主体となって不動産の時価評価や状況を調査する「不動産デューディリジェンス」や、ITコンサルタント等が主体となってITインフラの整備状況、進行中のプロジェクトの把握、統合後のITシステムに与える影響等を調査する「ITデューディリジェンス」などさまざまなものがあります。

### (3) デューディリジェンスの結果に基づいた検討

　デューディリジェンス実施後に会計事務所や法律事務所の担当者から、デューディリジェンスを実施した成果物として数十ページから場合によっては数百ページの「調査報告書」と関連書類一式が提出されます。デューディリジェンス実施から調査報告書の提出までの期間は規模にもよりますが、おおむね1週間程度の期間がかかる場合が多いと思います。実際にデューディリジェンスを実施して「何もありませんでした」という報告が上がることはほとんどありません。通常は、多くのリスクや問題点や課題が発見されます。その中で、買い手がM&Aを断念せざるを得ないようなリスク要因は「ディールブレーカー」と言われます。たとえば、「売り手が重要な瑕疵の隠ぺいをしていたことが発覚した」とか「売り手の会社の実態は開示された資料とは全く異なるもので売り手を信用することができなくなった」とか「売り手の特定の従業員への業務上の依存度が高いもののその従業員はM&Aが行われると退社してしまう可能性が高い」とか「重大な簿外債務や偶発債務が発見された」とか「M&Aに反対する株主がいてM&Aの実施に大きな影響がある」といったような事象です。

　これらの事象が発見された後に、M&Aを続行するか否か、M&Aを続行するとしてこのようなリスクをどのようにとらえるかは、買い手が判断する事柄になります。もし買い手が「もうM&Aを続行することは困難だ」と

10 手続⑧・手続⑨・詳細調査の実施と調査結果に基づく交渉

判断すれば、M&Aはそこでブレークします。買い手が「もう少し価格が安くなるのであればM&Aを実行することも検討しようかな……」ということになれば、価格や条件の交渉を行うことになります。解決策としては、①M&Aにより支払う価格を調整する、②リスクが取り除かれるかリスクが確定するまでM&Aの実行時期を延期する、③別のスキームに変更する、④最終合意書の表明保証条項に反映させるなどのいずれかの方法がとられることが多いと思います。

## (4) ブレークをいとわない

交渉の際には一線を引くことが大切です。一線を引いておかなければ基準がなくなってしまいます。お互いの言い分が大きく食い違っているようなディールの場合には、話合いが平行線のまま進んでしまうことがあります。一方が折れなければ、案件が成立することはありません。ただ、そのような状況の中で、相手の意向を汲みすぎてしまうと、M&Aを行う本当の目的を達成することができなくなってしまいます。どこかで最終のデッドラインを設けることが必要です。そして、そのデッドラインを越えた場合には、ディールをブレークさせる決断が必要になります。最初に設定した獲得目標や合意できるラインがずれそうな場合には、あえてM&Aを行っても満足のいく結果が得られることはほとんどないからです。

特に、事業再生や事業承継の目的でM&Aを行う場合には、売り手にとってはM&Aを行う必要性が高い状況下で、M&Aの手続も急がなければならない場面です。私もそのような局面で売り手側の立場でM&Aにかかわることがありますが、そのような場合にはM&Aだけを1つの選択肢に絞らないように心掛けていますし、仮にM&Aが承継や再生のための主要なスキームだったとしても、複数の買い手候補と並行して話合いを進めるようにして、できるだけ1社に絞らないようにしながら進めるように進言しています。要は「この条件を受け入れてもらえないのであれば、売らないよ」と

*119*

第 2 章　M&A における心掛け

言える状況を用意しておけるかどうかが重要なのです。M&A 案件としてはブレークしてしまうかもしれませんが、ブレークしたとしても、それはそれで結構だという姿勢で進めていくことが大切なのです。

[図 2 − 10 − 1]　デューディリジェンス（DD）

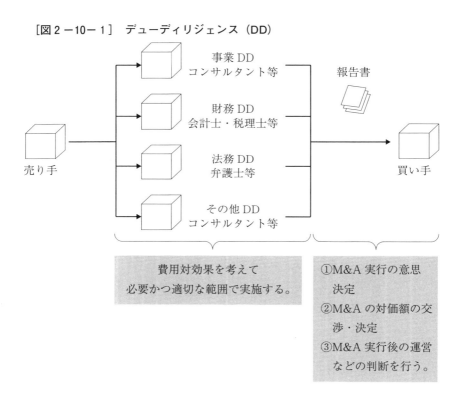

## 手続⑩ 11 最終合意書の締結 （トラブルポイント④）

### (1) 最終合意書の締結

　デューディリジェンスを実施して、買い手がM&Aの実行を行うと判断し、その後の交渉でM&Aの対価のすり合わせを行い、売り手と買い手の間で最終条件の折り合いがついたら、いよいよ最終合意書を締結する段階です。各種のM&Aのスキームの中から、選択されたM&Aのスキームに適した契約書を作成して締結することになります。多くの場合、基本合意書の内容を前提として、その後の交渉結果で変更したり修正したりした点を盛り込んだ契約書を作成することになります。この段階で作成される契約書のことを「最終合意書」といいます。

### (2) 最終合意書締結の段階もM&Aのトラブルポイントの1つ

　そして、この最終合意書を締結する段階も、「2　M&Aの4つのトラブルポイント」で説明したとおり、トラブルが発生しやすいところです。そのため、トラブルが発生しないように慎重に内容を確定していく必要があります。最終合意書は基本合意書の内容を前提にして作成されるので、共通する項目も多々あります。そのため、以下では、基本合意書の項目で説明した以外の内容で、最終合意書の作成に際して特に注意していただきたいポイントに絞って説明します。

　［図2-11-1］（事業譲渡における最終合意書）をご覧ください。これは、

「9 基本合意書の締結」の段階の説明の際に用いたのと同様、A社からB社に対してA社が営む○○事業を事業譲渡する場合のイメージ図です。この事例を前提として、基本合意書を締結して、デューディリジェンスを実施した後に最終合意書を締結する際に、特に注意すべき条項について説明します。どのようなM&Aのスキームを用いるかによって基本合意書の内容もさまざまなものになるので、個別の判断が必要になりますが、最終合意書の締結の段階で注意すべきイメージが理解できると思います。また、事業譲渡以外のM&Aのスキームにも共通するところですので、参考にしてください。

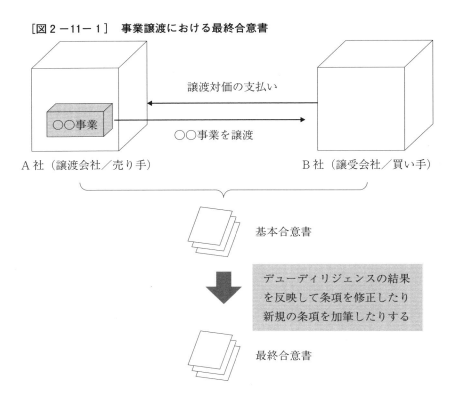

[図2－11－1] 事業譲渡における最終合意書

(A) 基本合意書からの修正事項を反映

まずは、デューディリジェンスの結果を踏まえて基本合意書から変更になった条件を正確に反映することが大切です。その中で、多くの場合、譲渡対価についての修正が行われます。売り手は継続的に事業を行っており、現預金をはじめとして多くの項目について基本合意書締結の段階から、最終合意書締結の段階までに数字面の変動があるはずですし、デューディリジェンスの結果、個別の資産の評価額にも変更がみられるのが通常だからです。最終合意書には、基本合意書で当事者が合意したM&Aの大枠に基づいて、デューディリジェンスを実施した後の交渉により変更や修正が生じた点を丁寧に反映していく作業が大切です。

(B) 表明保証条項（レプワラ）

次に、最終合意書の内容として重要なのは「レプワラ」とよばれる条項です。これは、Representations and Warrantiesの略語で「表明保証条項」と言われます。この条項は売り手が買い手に対して、対象会社の財務情報の適正性、開示されていない簿外債務や偶発債務がないことなど、M&Aの前提となった条項を保証するもので、M&Aを実行した後に、この条項に違反した事項が発覚した場合には売り手は買い手に対して多額の損害賠償債務を負担しなければならなくなります。事業譲渡に先立ち買い手はデューディリジェンスを行いますが、デューディリジェンスを行ったとしても、譲渡対象事業にかかわるすべての瑕疵を発見することは困難です。そのため、事業譲渡契約書に、社内手続の履践、契約締結の適法性、その他の事項に関して、表明保証条項を設けます。表明保証条項の内容は最終合意書によってさまざまですが、よくみるのは、①対象資産に瑕疵や欠陥がないこと、②対象資産に対する所有権や担保権等の負担の状況、③契約関係の現状、④対象資産の中の不動産に土壌汚染がないこと、⑤対象資産の中の知的財産権に瑕疵がないこと、⑥対象資産の中の知的財産権が第三者の権利を侵害していないこと等の条項が盛り込まれた契約書です。以下のサンプルのように、契約書本文に

表明保証条項が規定されたり、表明保証条項が多岐にわたる場合には別紙に規定されたりとその態様はさまざまですが、いずれにしても、買い手はレプワラ条項に基づいて有事の際のリスクヘッジを図るわけです。個々のケースに応じて想定されるリスクを、M&Aにおけるリスク対応の経験が豊富な弁護士に相談しながら規定を検討し、確定することが大切です。

【サンプル】

第○条（表明保証）
1　Aは、本合意書締結日において、Bに対し、以下の各号を表明し、保証する。
　①　Aは本合意書を締結し本合意書に基づく権利を行使し義務を履行するために必要な能力を有すること
　②　Aは法令及びAの社内規程に基づき本合意書の締結及び履行において必要な一切の手続きを適法かつ適正に完了していること
　③　Aは、本事業に関し、軽微な違反を除いて、適用ある法令を遵守していること
　④　AがBに対して本件事業譲渡に関して既に開示した資料は全て真実であること
　⑤　本事業に属する財産又は本事業に関して販売された製品が、第三者の特許権、商標権、意匠権、実用新案権、著作権及びノウハウその他の一切の知的財産権（出願中のものも含む）を侵害しておらず、第三者からの請求、通知その他の連絡を受けていないこと
　⑥　本事業に関し、土壌、地下水、汚水、大気汚染、騒音、振動、悪臭、危険物又は廃棄物その他の環境保護に関するあらゆる法律、条例、準則、規則、公害防止協定又は行政指導を遵守しており、これらに違反しておらず、違反に関連する行政機関による請求、調査その他の手続も存在せず、それらが発生するおそれもないこと
　⑦　本事業に必要な官公庁その他の第三者の免許、許認可、登録、承諾、同意等（以下総称して「許認可等」という）は存在しないこと。また、Aによる本契約の締結及び履行に際して、本契約において規定されるもののほか、許認可等が要求されることはないこと、又はかかる許認可

などをAが既に取得していること。
⑧ （以下略）

(C) 最終合意書の締結日と事業譲渡の実施日

　最終合意書の締結日と事業譲渡の実行日にずれが生じる場合もあるので、その際には、事業譲渡の実行日を明確に記載します。

【サンプル】

第○条（本件事業譲渡日）
　AからBに対するAの○○の事業譲渡の実行日は平成○年○月○日（以下「本件事業譲渡日」という）とする。

(D) 譲渡対価の決定と支払方法

　事業譲渡は継続して営まれている事業をA社（売り手）からB社（買い手）に承継する手続です。そのため、最終合意書の締結日と事業譲渡の実行日にずれが生じる場合には、最終合意書においても譲渡対価の調整規定を設ける場合があります。また、この場合には、譲渡対価の支払日の決定も重要になります。B社（買い手）としては通常、譲渡対価の支払日を事業譲渡実行日の後に設定したいと考えます。なぜなら、事業譲渡実行日以降のA社（売り手）の事業に問題が発覚してA社（売り手）に表明保証条項違反に基づく補償責任を追及する必要が生じた場合に、B社（買い手）が確実に賠償を受けられる方法を確保しておきたいと考えるからです。他方で、A社（売り手）としては、事業譲渡実行日以降に、B社（買い手）が残代金を支払うことができなくなってしまう可能性もあるので、A社（売り手）としては事業譲渡と引き換えに譲渡対価を支払ってほしいと考えるのが通常です。そのため、この点にA社（売り手）とB社（買い手）の間の交渉を経て他の条件をどう定めるかも勘案したうえで最終的な条件を決定していくことになります。

第 2 章　M&A における心掛け

## 【サンプル 1】

第○条（譲渡対価）
1　本件事業譲渡の対価は、A から B に対して本件譲渡財産が全て承継されることを前提に、金○○○○○○○○○円（以下「本件譲渡対価」という）とする。
2　B は A に対して、本件譲渡対価の全額を本件事業譲渡日までに、A が指定する振込口座に振り込み支払うものとする。なお、かかる振込に要する費用は B の負担とする。

## 【サンプル 2】

第○条（譲渡対価）
1　本件事業譲渡の対価は、A から B に対して本件譲渡財産が全て承継されることを前提に、金○○○○○○○○○円（以下「本件譲渡価格」という）とする。
2　A は、B に対して本件譲渡日現在の計算書類を提示するものとし、A と B は、○年○月○日付けの計算書類における本件譲渡財産にかかる資産と負債の計上額の変動を勘案して、○年○月○日までに最終的な本件譲渡価格の調整の可否について誠実に協議するものとする。

## 【サンプル 3】

第○条（譲渡対価）
1　本件事業譲渡の対価は、A から B に対して本件譲渡財産が全て承継されることを前提に、金○○○○○○○○○円（以下「本件譲渡対価」という）とする。
2　B は A に対して、本件譲渡対価の全額を○年○月○日までに、A が指定する振込口座に振り込み支払うものとする。なお、かかる振込に要する費用は B の負担とする。
3　B 又は B が指定する者は、本件事業譲渡日以降、速やかに棚卸を行うも

のとし、本件譲渡対象財産目録記載の譲渡財産の内容又は数量に異動がある場合には、BはAに対して譲渡代金の減額を請求できるものとする。

### (E) コベナンツ（Covenants）条項

　通常は、最終合意書の調印日から事業譲渡の実行日までに期間が空く場合に、A社（売り手）やB社（買い手）が行うべき、または行ってはならない事項が規定されることがあります。このように最終合意書の締結当事者が誓約したり、締結当事者の行動を制限したりする、誓約条項または制限条項としてコベナンツ条項が設けられることがあります。「コベナンツ」というと難しく感じてしまう方もいるかもしれませんが、要は、最終合意書を締結する当事者の義務ですので、他の条項と変わりはありません。どのような規定がされているのか、その内容が重要です。一般的には、善管注意義務、契約上の地位の移転、免責的債務引受に関する承諾の取得、株主総会決議の取得およびその他社内手続の履践等が規定される例を多々みかけます。たとえば、最終合意書の締結日と事業譲渡の実行日にずれが生じる場合に、B社（買い手）としては事業譲渡の実行日までの間に、A社（売り手）に勝手なことをされて事業価値を毀損されては困るので、以下の【サンプル1】のように、A社（売り手）が行い得る行為についての規定を設けておきます。また、【サンプル2】のように、A社（売り手）とB社（買い手）の社内手続として必要な手続をすべて実行しておくことを当事者の義務として規定する例も多くみられます。さらに、事業譲渡は継続的に運営されているA社（売り手）の事業をB社（買い手）に対して、承継する手続です。まさに「生き物」である事業の鮮度が損なわれないように保たれてこそ、事業譲渡によってA社（売り手）とB社（買い手）が望む成果を達成することができます。そのため、【サンプル3】のように、最終合意書から事業譲渡実行日までの間の事務の引継ぎを円滑に行えるように手当てをしておくための規定を設けておくこともB社（買い手）にとっては重要な視点です。

## 第2章 M&Aにおける心掛け

【サンプル1】

第○条（本合意書締結後の事務の履行）
　本合意書締結後、本件事業譲渡日までの間に、Aは○○事業について、事前にBの書面による同意なくして、新規設備投資、従業員の新規雇用・解雇、その他日常の営業に属さない事務を行うことはできないものとする。

【サンプル2】

第○条（本合意書締結後の事務の履行）
　A及びBは、本合意書締結後、本件事業譲渡日までの間に、本件事業譲渡の実行に必要な法令、定款、その他A又はBの社内規則上必要とされる一切の手続を履践するものとする。

【サンプル3】

第○条（情報の承継等の協力）
　Aは、本合意書締結日以降、B又はBの役員、従業員、代理人、その他のアドバイザーに対して、これらの者が要求する本件事業に関する情報を提供するなど、本件事業譲渡日以降、本件事業がBのもとで円滑に運営されるよう必要な協力を行うものとする。

【サンプル4】

第○条（善管注意義務）
　Aは、本合意書締結日以降、本件事業譲渡日までの間に、善良なる管理者の注意をもって通常の業務の範囲内において、本件事業を維持・管理・運営するものとする。

## 【サンプル5】

第○条（コベナンツ）

　Aは、本合意書締結日以降、本件事業譲渡日までの間に、事前にBの書面による同意なくして以下の各号に該当する行為を行ってはならないものとする。
　① 過去の実績を踏まえ通常の業務範囲を超えた本件事業に関する取引や契約の締結
　② 本件譲渡対象財産に対する重大な処分又は担保権その他の負担の設定
　③ 法令、定款又はAの社内規則上株主総会又は取締役会における承認を要する事項に該当する行為
　④ その他、本件事業譲渡財産の価値を毀損し、又は毀損するおそれのある一切の行為

## 【サンプル6】

第○条（資産の処分等の禁止）

　Aは、本合意書締結日から本件事業譲渡日までの間に、事前にBの書面による同意を得ることなく、B以外の第三者との間で、本件譲渡対象資産に含まれる資産の処分（本合意書締結日までに契約締結がされている通常の部類に属する取引によるものは除く）、又は本件事業に関する取引の誘因、情報提供、勧誘、交渉及び合意を行ってはならない。

### (F) 事情変更に基づく契約関係の解消

　最終合意書締結日から事業譲渡の実行日まで期間がある場合には、その間に生じた天災などによりA社（売り手）の○○事業に与える影響を加味して、契約関係を変更したり解消したりできるように規定しておく必要があります。

## 【サンプル】

第○条（事情変更）

　本合意書締結後、本件事業譲渡日までの間に、天災地変、その他不可抗力、

> 失火又は類焼によって本件譲渡財産に重大な変動が生じた場合には、A及びBが協議のうえ、本合意書の内容を変更し、又はそれによりBが本件事業譲渡の目的を達成することができない場合には本契約を解除することができる。

### (G) 契約上の地位の移転

　A社（売り手）とB社（買い手）の間で事業譲渡契約を締結したとしても、A社（売り手）が第三者と締結していた取引契約上の契約上の地位は、A社（売り手）からB社（買い手）に対して当然に承継されるわけではありません。以下の【サンプル】は売り手であるA社が責任をもって、取引先からの同意を取得することを約束する内容となっています。

【サンプル】

> 第○条（契約上の地位の移転）
> 　Aは、本件事業譲渡日までに、別紙3「契約上の地位目録」記載のAの契約上の地位がBに円滑に承継されるようにAの契約上の相手から契約上の地位の承継に同意する旨の書面を取得し、平成○年○月○日までにBに提出するものとし、Bはかかる手続きに必要な協力を行う。

### (H) 競業避止義務

　A社（売り手）が○○事業を事業譲渡によってB社（買い手）に移管したとしても、A社（売り手）やA社に残る役員や従業員にはそれまで○○事業を運営してきたノウハウや経験が残存しています。仮に事業譲渡を実行した後に、それらの者がノウハウや経験を活かして新規にB社（買い手）に譲渡した○○事業と類似する新規事業を開始したりすると、B社（買い手）にとっては大きな脅威になります。この点、会社法21条1項は「事業を譲渡した会社（以下この章において「譲渡会社」という。）は、当事者の別段の意思表示がない限り、同一の市町村（東京都の特別区の存する区域及び地方自治法（昭

和22年法律第67号）第252条の19第1項の指定都市にあっては、区。以下この項において同じ。）の区域内及びこれに隣接する市町村の区域内においては、その事業を譲渡した日から20年間は、同一の事業を行ってはならない」と規定して、事業譲渡における競業避止義務を規定しています。また、会社法21条2項は「譲渡会社が同一の事業を行わない旨の特約をした場合には、その特約は、その事業を譲渡した日から30年の期間内に限り、その効力を有する」と規定して、特約により期間を延長することができる旨を規定しています。以下の【サンプル】では、競業避止義務の範囲を「市町村」から「県」に拡大するとともに、対象も「同一の事業」から「同一又は類似する事業」に拡大するとともに、役員や従業員に対しても譲渡会社が競業避止義務を負わせる旨を規定し、売り手の競業避止義務の範囲を拡大しています。

【サンプル】

---

第○条（競業避止義務）
1　Aは、本件事業譲渡日以降30年間、事前にBの書面による承諾がある場合を除いて、○○県内において、○○事業と同一又は類似する事業を行わないものとする。
2　Aは、Bに対し、前項の義務を、本件事業譲渡後も、Aに残る役員及び従業員にも遵守させることを誓約する。

---

(1)　クロージングの前提条件

　最終合意書に基づいた事業譲渡を実行するに際して、充足されるべき前提となる条件を規定し、かかる条件が事業譲渡実行日に履践されていない場合には、事業譲渡の実行を中止することができる旨が規定されることがあります。

【サンプル】

---

第○条（本件事業譲渡実行の前提条件）

> 1　Aは、本件事業譲渡日において、以下の各号の状態が満たされていることを前提に、第○条に規定したAの義務を履行するものとする。但し、Aは任意の裁量により以下の各号の条件をいずれも放棄することができる。
> 　①　第○条の規定したBの表明保証事項が本件事業譲渡実行日に全て真実であり、かつ正確であること
> 　②　Bが本契約に基づく義務のいずれにも違反していないこと
> 2　Bは、本件事業譲渡日において、以下の各号の状態が満たされていることを前提に、第○条に規定したBの義務を履行するものとする。但し、Bは任意の裁量により以下の各号の条件をいずれも放棄することができる。
> 　①　第○条の規定したAの表明保証事項が本件事業譲渡実行日に全て真実であり、かつ正確であること
> 　②　Aが本契約に基づく義務のいずれにも違反していないこと

### (J)　完全合意

　事業譲渡を行うに際して、最終合意書に規定されている内容についてだけ、事業譲渡契約の当事者に拘束力をもたせて、契約書に記載されていない内容については、拘束力をもたせないようにするために、以下のような規定を設けることがあります。契約書に記載されていない内容とは、最終合意書を締結するまでの交渉期間中の合意事項や了解事項などがあります。事業譲渡契約のクロージングまではさまざまな交渉や合意や了解が行われますが、それらがすべて当事者の契約とされてしまうのでは、売り手にとっても買い手にとってもリスクの大きい取引になってしまいます。そのため、合意の範囲を明確にしておいたほうが売り手にとっても買い手にとっても望ましいのです。

【サンプル】

> 第○条（完全合意）
> 　本合意は、本件事業譲渡を含む本合意書で定める事項に関するA及びBの完全なる合意を構成するものである。そのため、A及びBは、本合意書の締結前にかかる事項に関して、A及びBの間で締結された一切の契約等

は本合意書の締結をもって全て失効することに同意する。

### (K) その他

そのほか、基本合意書に規定されている秘密保持義務や専属的合意管轄の条項などの規定を盛り込みます。

## (3) クロージングの際の注意点

弁護士のレビューを得た最終合意書を締結しただけでは十分ではありません。売り手であっても、買い手であっても重要なのは、最終合意書の内容をしっかりと理解することです。なかには最終合意書を締結したことで安心して、最終合意書の内容を十分に理解することなく、M&Aの手続を実行してしまうことがあります。後に紛争になった段階で相談にきて、私から「最終合意書には○○と書いてありますよ。この最終合意書の内容からすると相手に対する請求はできませんよ」と説明すると、「え？ 本当ですか？ 最終合意書の内容をよく理解していませんでした……」と言われることがあります。これでは最終合意書を締結した意味がなくなってしまいます。

M&Aは規模の大きい取引です。万が一、M&Aの実行後に相手とトラブルが生じた場合には、当事者が理解していようと、誤解していようと、最終合意書に記載してある内容がトラブル対応を進めるうえでのスタートラインになってしまいます。そのため、最終合意書を締結する段階では、内容を十分に理解できるまで、何度も繰り返し読んで、十分に納得したうえで最終合意書の締結を行っていただきたいと思います。

## 12 手続⑪ M&A 手続の実行

### (1) M&A 実行後の事務

　最終合意書を締結した後に、最終合意書に規定されている内容に従って、M&A を実行します。M&A 実行後の事務は、選択したスキームによってさまざまですが、M&A の対価の支払い以外にも、(許認可等の名義変更が必要なものがある場合には) 許認可や登記や登録等の名義の変更手続、授業員への説明、取引先への挨拶や案内、プレスリリース等の情報開示、新経営陣による事業の運営開始など、さまざまな作業が必要になります。これまで社歴も文化も伝統も雰囲気も風土も違う企業や事業を統合するわけですから、多くの手間・暇・時間・労力をかけなければ、スムーズに企業や事業を承継することはできません。これらは新規事業を1つ立ち上げるくらいのボリュームがあります。当初からそのような心構えで進めていくことが必要です。

### (2) M&A を実行した後が本当のスタート

　ところが、私が M&A 絡みのトラブル対応を進める中で、買い手からは「こんなに大変だとは思わなかった」とか「こんなに手間暇がかかるとは思わなかった」とか「こんなに苦労するとは思わなかった」などの、「こんなはずではなかった」という意見を聞く機会も多々あります。もちろん、トラブルになってしまった後だからこそ、そのような感想が出るのだと思いますが、なかには当初の認識が甘かったのではないかと受け止めざるを得ない例もあるのです。株式譲渡であっても、事業譲渡であっても、それ以外のスキームでの M&A であっても、M&A が売り手や買い手に及ぼす影響は少なく

ありません。特に、中小企業のM&Aでは、確かに大企業のM&Aと比べると事業の規模は大きくないかもしれませんが、より慎重かつ丁寧にM&Aを実行した後の事務を進めていくことが必要です。中小企業は「人」がすべてです。従業員との関係はもちろん、取引先との関係も、すべて濃厚な人的関係のもとに成り立っているように思います。だからこそ、手間・暇・時間・労力をかけて、慎重に進めていくことが必要なのです。買い手が期待したシナジーが最大限発揮されるためには、そしてM&Aを成功させるためには、最終合意書の締結がM&Aの終わりではありません。むしろ、ここからがM&Aの本当のスタートなのです。

[図2−12−1] M&Aを実行した後が本当のスタート

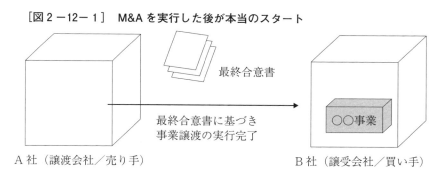

M&Aを実行した後が本当のスタート

# Chapter · 3

## M&Aの具体的方法

第 3 章

M&Aの具体的方法

第3章 M&Aの具体的方法

# *Introduction*

　本章では、M&Aの具体的なスキームについて紹介します。中小企業のM&Aでは株式譲渡か事業譲渡のスキームが採用される場合が多いと思います。これは、株式譲渡や事業譲渡の手続が他のスキームと比較して簡便であることが大きな理由です。他のスキームのメリット・デメリットを十分に検討したうえで、株式譲渡や事業譲渡を選択するのであれば問題はありませんが、最初から株式譲渡や事業譲渡ありきで手続が進んでいるようなケースに接することも少なくありません。このような事態が生じてしまうのは、おそらく関与した外部協力者のアドバイスに基づいてのことだと思いますが、なかには「他の手続を選択していれば、もっと効果的なM&Aを行うことができたはずなのに……」と感じてしまうケースに遭遇することがあります。

　M&Aのスキームは多種多様です。それぞれの手続において、メリットもあれば、デメリットもあります。それらをしっかりと理解し、十分な検討を行ったうえで、最終的なスキームを選択するのと、単に外部協力者から提示されたからという理由だけで、株式譲渡や事業譲渡といったありふれた方法しか検討せずに、スキームを選択するのでは、得られる効果も変わってきます。

　M&Aの各スキームの内容については、それぞれの内容で1冊の本が刊行されているくらいですので、本書では各手続の概要だけを説明していきますが、M&Aには株式譲渡や事業譲渡だけではなく、多様なメニューがあり、それぞれのメニューのメリット・デメリットを活かして多様なスキーム構築が可能だということを理解していただきたいと思います。

# 1 総論 基本的な考え方

## (1) 中小企業のM&Aを成功させるために

M&Aの当事者は、M&A後にシナジーが生まれて企業や事業が成長気流に乗っていくという希望的な観測のもとでM&Aを進めます。そしてそのすべてが成功するわけではなく、不幸なことに失敗に至ってしまうケースも少なくありません。M&Aの相手とトラブルになる場合だけでなく、M&Aのスキームを選定する段階で「ひょっとしたら他のやり方もあったのではないか……」「もっと慎重に検討すべきだったのではないか……」などといった後悔の気持を抱いている当事者も少なくないように感じます。

トラブル事例に接する機会が多い弁護士ならではの感想だとは思いますが、中小企業のM&Aでは、M&Aの後に「M&Aをして本当によかった」「この方法が最善の方法だった」という感想を抱ける幸せなM&Aのほうが少ないのではないかと感じてしまうくらいです。

中小企業のM&Aでトラブルに発展するケースには共通点があります。それは、「当事者の関係性を十分に構築する前にM&Aを行ってしまっている」ということです。ある日アドバイザーから持ち込まれた話に基づいて、M&Aの検討を進め、その後、当事者間の関係性を十分に構築することなく、M&Aの実行まで至ってしまうようなケースがたくさんあります。M&Aも取引の1つですので、ビジネスライクに手続を進めていくこと自体は悪いことではないのかもしれません。ですが、中小企業の多くは、経営者や従業員や取引先に対する人的依存度が高く、濃い人間関係の中で企業や事業の運営が行われているといった特徴があります。だからこそ、中小企業のM&A

を成功させるためには、とにかく、まずは売り手と買い手の良好な関係性を構築することが最優先の課題ではないかと考えています。

　個人と個人の関係でも互いのことを知るためには、一定の時間の交際を経る必要があります。プロフィールだけを眺めていても、その人が信用できる人物かどうかはわかりませんし、信頼できる人物かどうかはわかりません。このことは、企業と企業の関係でも同じです。突然、何も関係性がないところから、売り手と買い手の立場でM&Aの実行に向けた交渉が始まることが、将来、無用のトラブルを生じさせ、M&Aを失敗したと感じさせる大きな要因だと感じています。中小企業のM&Aでは、状況が許す限り、ある程度の時間をかけつつ、段階的にM&Aを進めていくことが、成功の秘訣です。

［図3－1－1］　中小企業のM&Aを成功させるために

【中小企業のM&Aが失敗する原因】
当事者の関係が希薄なまま手続を進めてしまう。

【対応】
関係性を構築したうえで段階的にM&Aの手続を進める。

## (2) 状況が許せば関係性の構築を

　段階的にM&Aを進めるための方法としてはどのようなものがあるでしょうか。本書では、M&Aを、「Mergers」（合併）&「Acquisitions」（買収）という言葉どおりにとらえるのではなく、①会社や事業の全部または一部を売る、②会社や事業の全部または一部を買う、③会社や事業を一緒にやる、こととして広くとらえて考えていくという話をしましたが、将来的には、

「①会社や事業の全部または一部を売る」とか「②会社や事業の全部または一部を買う」といった方向に進むとしても、その前に、「③会社や事業を一緒にやる」という方法から取引関係に入っていくことが安全なM&Aを行うためのコツだと考えています。

[図3－1－2]（中小企業のM&Aの方法）をご覧ください。「③会社や事業を一緒にやる」というのは、具体的には役員としての関与や取引契約の締結からM&Aをスタートするやり方です。M&Aの検討を進めるに際して、買い手が売り手の役員に人材を送り込みつつ売り手の企業や事業の実態をモニタリングする期間を設けるとか、相互にシナジーを生むことができるかを検討するために「取引契約」や「業務提携契約」や「共同開発契約」などを締結して、一定期間、まずは実際の取引をしてみたり、一緒に事業を行ってみたりというモニタリングの期間を設けるといった方法です。もちろん、企業情報やノウハウの流出が懸念されるので、これらの関係を構築する前提として、当事者間で秘密保持契約を締結したり、将来M&Aを行う前段階での取引であることを明らかにする基本合意を締結したりといった手当ては不可欠です。

当然のことながら、売り手の意向やスケジュールからこのようなモニタリングの期間を設けることができない状況もあり得ますが、状況が許すのであれば、このような方法をとることで、売り手にとっても買い手にとっても、M&Aが失敗する確率を減少させることが可能になります。中小企業においてM&Aを成功させるためには、ある程度時間をかけて、段階的に相手を知ることが必要です。そのためには、まずはこれらの方法を活用しながら、関係性を構築したうえで、手続を進めていくことができないかを検討していきます。そして、売り手と買い手の関係性の構築がしっかりとできた段階で、次の各論で説明する各手法の活用を検討していくという流れをたどっていくのです。

[図3-1-2] 中小企業のM&Aの方法

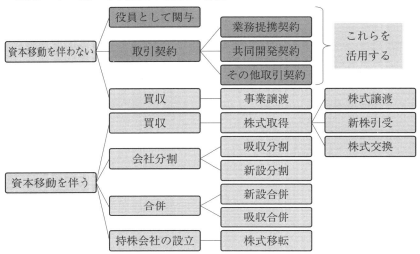

# 2 事業譲渡

## （1） 事業譲渡の内容

　事業譲渡は資本移動を伴わない M&A です。事業譲渡は会社が取引行為として事業を他者に譲渡する行為のことをいいます。当事者間の契約だけで成立するので使い勝手がよく、中小企業の M&A では頻繁に利用されています。

　　(A)　事業とは

　会社法や商法は、事業譲渡の手続（会社法467条以下）や事業譲渡によって生じる競業避止義務（会社法21条以下、商法16条以下）についての規定を設けていますが、「事業譲渡」や「事業」そのものについての定義規定を設けていません。そのため、事業譲渡の対象となる「事業」の内容については、解釈に委ねられています。この点、判例（最高裁判所昭和40年9月22日判決・最高裁判所民事判例集19巻6号1600頁）は、「一定の営業目的のために組織化され、有機的一体として機能する財産（得意先関係等の経済的価値ある事実関係を含む。）の全部または重要な一部を譲渡し、これによって、譲渡会社がその財産によって営んでいた営業的活動の全部または重要な一部を譲受人に受け継がせ、譲渡会社がその譲渡の限度に応じ法律上当然に同法25条（筆者注：現行商法15条、会社法21条に相当）に定める競業避止義務を負う結果を伴うもの」としています。

　この判例の定義からすれば、単なる事業用財産や権利義務の集合の譲渡は「事業譲渡」ではなく、個別の資産や個別の権利義務の移転ということになります。誤解をおそれずに言えば、「事業」というのは、一体で機能する資

産、負債、雇用関係、取引関係等のことと理解していただければと思います。

具体的なケースでどのような「事業」を譲渡するかについての基準やルールはありませんので、M&Aの当事者が「事業譲渡契約書」の中でその範囲を確定することになります。

#### (B) 事業譲渡は当事者間の契約

事業譲渡は、合併、会社分割、株式交換および株式移転と同様にM&Aのスキームとして活用されますが、その効力が会社法上法定されている組織法上の行為である合併、会社分割、株式交換および株式移転とは異なり、法律上、事業譲渡のすべての手続や効果が明定されているわけではありません。あくまで、事業譲渡は譲渡人と譲受人間の契約に基づいて行われる取引行為なのです。

［図3－2－1］（事業譲渡①（実行））をご覧ください。A社は、A社が営んでいる○○事業をB社に譲渡しようとしています。この場合のA社を「譲渡人」といい、B社を「譲受人」といいますが、A社はB社と「事業譲渡契約」を締結して、「事業譲渡契約」の内容に従って、一定の期日に○○事業をB社に承継させるわけです。「事業譲渡契約」の内容に基づいて事業譲渡が実行されると、［図3－2－2］（事業譲渡②（実行後））の状態になります。一般的な事業譲渡契約には、①事業譲渡の対象、②事業譲渡の期日（実行日）、③事業譲渡の対価や支払方法、④財産の移転手続、⑤競業避止義務や従業員の引継ぎに関する規定が設けられますが、基本的に事業譲渡契約にどのような内容を規定するかは譲渡人と譲受人の間で話し合って確定することになります。注意点については、すでに「第2章　M&Aの心掛け」「9　基本合意書の締結（トラブルポイント③）」「11　最終合意書の締結（トラブルポイント④）」で説明していますので、そちらをご確認ください。

### (2) 事業譲渡の手続

事業譲渡の手続の一例を、［図3－2－3］（事業譲渡の手続）にまとめま

[図3−2−1] 事業譲渡①(実行)

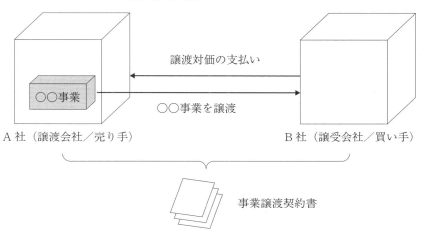

[図3−2−2] 事業譲渡②(実行後)

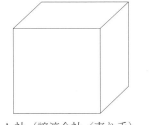

したので、そちらをご確認ください。事業譲渡の場合には、すでに説明したM&Aの一般的な流れに沿って手続が進んでいくことになりますが、会社法上、譲渡人と譲受人のそれぞれにおいて以下のような手続を経る必要があるので、注意が必要です。なお、[図3−2−3](事業譲渡の手続)は、独占禁止法や金融商品取引法の規制を受ける上場企業における大規模な事業譲渡の場合も想定した手続の流れです。そのため、未上場の中小企業における事業譲渡の場合には、「6　証券取引所・監督官庁への届出」や「10　公正取

[図3－2－3] 事業譲渡の手続の一例（上場企業間の全部譲渡の場合）

|    | A社（譲渡会社／売り手） | B社（譲受会社／買い手） |
|----|---|---|
| 1  | 覚書の締結 ||
| 2  | デューディリジェンスの実施 ||
| 3  | 交渉 ||
| 4  | 事業譲渡および株主総会招集に関する取締役会決議 ||
| 5  | 事業譲渡契約締結 ||
| 6  | 証券取引所・監督官庁への届出 ||
| 7  | 株主総会の基準日の設定・広告 ||
| 8  | 株主総会招集通知 ||
| 9  | 株主総会決議 ||
| 10 |  | 公正取引委員会への届出 |
| 11 | 事業譲渡期日 ||
| 12 | 資産・負債・契約上の地位等の承継手続 ||

引委員会への届出」といった届出を行う必要はありません。

(A) 譲渡人側の手続

　会社法は、取締役会設置会社の場合、「重要な財産の処分及び譲受け」を取締役会の決議事項と定めています（会社法362条4項1号）。そして、譲渡対象となる事業は、ほとんどの場合「重要な財産」に該当します。そのため、ほとんどの場合は譲渡人は譲渡に際して「取締役会の決議」を得る必要があります。さらに、譲渡対象の事業が事業の全部である場合または重要な一部で譲渡対象資産の帳簿価格が譲渡会社の総資産額として法務省令の定める方法により算定される額の5分の1を超える場合には、譲渡会社は、譲渡日ま

でに株主総会の特別決議（出席株主の議決権の3分の2以上による決議）による承認を得なければなりません（会社法467条1項1号・2号）。もし、このような承認手続を経なければ、事業譲渡契約自体が、原則として「無効」となってしまいます。

(B) 譲受人側の手続

また、事業を譲り受ける側にとっても、「重要な財産」の「譲受け」になるので、譲受人の側でも「取締役会の決議」を経ることが必要になります（会社法362条4項1号）。また、譲り受ける事業が、他の会社の事業の全部にあたる場合には、取締役会決議に加えて、株主総会の特別決議（出席株主の議決権の3分の2以上による決議）による承認を得る必要があります（会社法467条1項3号）。

## (3) 譲渡人の競業避止義務

### (A) 会社法上の競業避止義務

譲渡人や譲受人が会社である場合には、会社法の競業避止義務に関する規定が適用されます。そして、会社法は、譲渡会社が譲渡日から20年間、同一の市町村の区域内またはこれと隣接する市町村の区域内で、譲渡した事業と同一の事業を行うことを禁止しています（会社法21条1項）。また、譲渡会社が同一の事業を行わないと約束をした場合には、譲渡日から30年間に限り、譲渡会社は競業避止義務を負うことになります（同条2項）。

---

〈譲渡会社の競業の禁止〉（会社法抜粋）

（譲渡会社の競業の禁止）

第21条　事業を譲渡した会社（以下この章において「譲渡会社」という。）は、当事者の別段の意思表示がない限り、同一の市町村（東京都の特別区の存する区域及び地方自治法（昭和22年法律第67号）第252条の19第1項の指定都市にあっては、区。以下この項において同じ。）の区域内及びこれに隣接する市町村の区域内においては、その事業を譲渡した日から

20年間は、同一の事業を行ってはならない。
2　譲渡会社が同一の事業を行わない旨の特約をした場合には、その特約は、その事業を譲渡した日から30年の期間内に限り、その効力を有する。
3　前2項の規定にかかわらず、譲渡会社は、不正の競争の目的をもって同一の事業を行ってはならない。

(B)　商法上の競業避止義務

また、個人の商人間の事業譲渡の場合には、商法が適用されます。そして、商法も以下のとおり、会社法21条と同様の規定を設けているので、譲渡人は譲受人に対して競業避止義務を負担することになります。

〈営業譲渡人の競業の禁止〉（商法抜粋）
（営業譲渡人の競業の禁止）
第16条　営業を譲渡した商人（以下この章において「譲渡人」という。）は、当事者の別段の意思表示がない限り、同一の市町村（東京都の特別区の存する区域及び地方自治法（昭和22年法律第67号）第252条の19第1項の指定都市にあっては、区。以下同じ。）の区域内及びこれに隣接する市町村の区域内においては、その営業を譲渡した日から20年間は、同一の営業を行ってはならない。
2　譲渡人が同一の営業を行わない旨の特約をした場合には、その特約は、その営業を譲渡した日から30年の期間内に限り、その効力を有する。
3　前2項の規定にかかわらず、譲渡人は、不正の競争の目的をもって同一の営業を行ってはならない。

## (4)　商号使用者の責任

### (A)　譲受会社が譲渡会社の商号を引き続き使用する場合

事業譲渡後に、譲受会社が譲渡会社の商号を引き続き使用する場合には、注意が必要です。会社法は、このような場合には、譲受会社は、譲渡会社の事業によって生じた債務を弁済する責任を負うとしています（会社法22条1

項)。もっとも、①譲受会社が事業譲渡の後遅滞なく譲渡会社の債務を弁済する責任を負わない旨の登記を行ったときや、②譲受会社または譲渡会社が、事業譲渡の後に遅滞なく第三者に対して譲受会社は譲渡会社の債務を弁済する責任を負わない旨の通知を行ったときは、譲渡会社の商号を引き続き使用する譲受会社はこのような責任を負わないとされています。そのため、譲渡会社の商号を引き続き使用する譲受会社は、事業譲渡に際して、忘れずに弁済責任を負わないための措置を講じておく必要があります。

---

〈譲渡会社の商号を使用した譲受会社の責任等〉(会社法抜粋)
(譲渡会社の商号を使用した譲受会社の責任等)
第22条　事業を譲り受けた会社(以下この章において「譲受会社」という。)が譲渡会社の商号を引き続き使用する場合には、その譲受会社も、譲渡会社の事業によって生じた債務を弁済する責任を負う。
　2　前項の規定は、事業を譲り受けた後、遅滞なく、譲受会社がその本店の所在地において譲渡会社の債務を弁済する責任を負わない旨を登記した場合には、適用しない。事業を譲り受けた後、遅滞なく、譲受会社及び譲渡会社から第三者に対しその旨の通知をした場合において、その通知を受けた第三者についても、同様とする。
　3　譲受会社が第1項の規定により譲渡会社の債務を弁済する責任を負う場合には、譲渡会社の責任は、事業を譲渡した日後2年以内に請求又は請求の予告をしない債権者に対しては、その期間を経過した時に消滅する。
　4　第1項に規定する場合において、譲渡会社の事業によって生じた債権について、譲受会社にした弁済は、弁済者が善意でかつ重大な過失がないときは、その効力を有する。

---

### (B)　譲受会社が譲渡会社の商号を使用しない場合

事業譲渡後に、譲受会社が譲渡会社の商号を引き続き使用しない場合であっても、譲渡会社の事業によって生じた債務を引き受ける旨の広告を行った場合には、譲渡会社の債権者は譲受会社に対して、弁済の請求をすることが

できるとされています（会社法23条）。

> 〈譲受会社による債務の引受け〉（会社法抜粋）
> （譲受会社による債務の引受け）
> 第23条　譲受会社が譲渡会社の商号を引き続き使用しない場合においても、譲渡会社の事業によって生じた債務を引き受ける旨の広告をしたときは、譲渡会社の債権者は、その譲受会社に対して弁済の請求をすることができる。
> 　2　譲受会社が前項の規定により譲渡会社の債務を弁済する責任を負う場合には、譲渡会社の責任は、同項の広告があった日後2年以内に請求又は請求の予告をしない債権者に対しては、その期間を経過した時に消滅する。

　　(C)　営業譲渡人の場合

　なお、個人の商人間の事業譲渡の場合には会社法ではなく商法が適用されますが、商法も上記の内容と同様の規定を設けています（商法17条、18条）。

## (5)　事業譲渡を選択する場合のメリット

　　(A)　承継する資産や負債の切り分けが可能

　事業譲渡では、M&Aの当事者の「事業譲渡契約書」の規定に従って、譲受人が、譲渡人が営んでいる事業のうち、必要な部分だけを引き継ぐことができます。そのため、譲受人が負債を引き継ぎたくない場合や、譲渡人が営んでいる事業のうち譲受人が興味のない事業が含まれているような場合には、譲受人が興味のある事業だけを引き継ぐことができるので、M&Aの当事者の意向に従って柔軟な承継が可能だというメリットがあります。たとえば、合併の場合には、包括承継といって、売り手の会社を丸ごと承継しなければなりません。そのため、売り手の会社が抱えているリスクもまとめて承継せざるを得ませんが、事業譲渡の場合には、売り手が欲しい資産や、引き継いでも良い負債だけを選択して承継することが可能です。事業譲渡の場合には、

売り手が望む部分だけを切り分けて承継することができるので、買い手は簿外債務や偶発債務を承継してしまうリスクを低減させることが可能になります。

### (B) 譲渡対価の取得

売り手の会社は、「事業譲渡契約書」の規定に従って、買い手から直接譲渡対価を取得します。そのため、売り手は、事業譲渡を実行して譲渡対価を取得した後に、速やかに債権者への弁済等を行うことが可能です。なお、譲渡対価については、金銭で支払われるのが一般的ですが、法律上は、譲渡対価は必ずしも金銭である必要はありません。実際に、事業譲渡の対価として、譲受会社の株式などで支払われる場合もありますが、その場合には、原則として、裁判所が選任する検査役の調査が必要になるので、注意が必要なところです（会社法33条、207条）。

### (C) 他の手続と比較して手続が簡単である

事業譲渡は、譲渡人と譲受人との間の契約によって、効果を生じさせることができるので、細かく手続が法定されている合併など、他のスキームと比較すると、手続が簡単であることは大きなメリットです。

## (6) 事業譲渡を選択する場合のデメリット

他方で、M&Aの他の手続ではなく事業譲渡を選択する場合のデメリットとしては以下の点があげられます。

### (A) 移転する対象の契約関係者の個別の同意が必要になる

事業譲渡の場合には、資産の所有権、債権・債務、契約等の移転について、個別に名義変更、同意や承諾の取得等の手続を行う必要があります。そのため、対象資産が限られていればまだしも、対象資産が大きい場合には相当の手間、時間と労力が必要になります。顧客や取引先が多い場合には大変な手間がかかります。

### (B) 従業員の承継が容易ではない

雇用契約の承継も大きな問題です。株式譲渡の場合には、売り手側の従業

員の雇用関係はそのまま維持されます。しかし、事業譲渡の場合には、現在の売り手側の会社からいったん退社したうえで、買い手側の会社にあらためて就職する手続が必要になります。そして、そのためには従業員の個別の同意が必要になります。優秀な従業員やキーマンが必ずしも引き継がれない可能性があるという点は買い手にとっては大きなリスク要因です。

### (C) 売り手側の免許や許認可等の承継が容易ではない

事業譲渡では、売り手側の免許や許認可等を無条件で承継することができない場合がほとんどです。そのため、従来の免許や許認可などについては解約したり、解除したりしたうえで、新規に取得する必要があります。たとえば、建設業の場合にはM&Aの取扱いについて国土交通省から通達が出ていますが、実際の運用については各都道府県の裁量が広く認められています。そのため、事業譲渡に際しては、事前に行政機関に相談等を行う必要があります。その際に多くの手間や時間が必要になります。

### (D) 株主総会の特別決議が必要になる場合がある

事業の全部譲渡の場合には売り手と買い手の双方で株式総会の特別決議（出席株主の議決権の3分の2以上による決議）が必要になります。また、事業の一部譲渡であっても、その譲渡財産が事業の重要な一部の場合（当該譲渡により譲り渡す資産の帳簿価格が当該会社の総資産額の5分の1以上）には、売り手側の会社で株主総会の特別決議が必要になります。

### (E) 税負担が重くなることが多い

事業譲渡を行う場合には、時価評価での譲渡になります。その結果、含み損や含み益が表面化してしまうので、譲渡益課税や、不動産を移転する場合の不動産取得税などの税負担が大きくなる場合があります。また、合併による資産の移転は消費税の課税対象外ですが、事業譲渡は消費税法上資産の譲渡等に該当するので、対象資産の中に課税対象があれば、消費税が課税されることになります。

# 3 株式譲渡

各論

## (1) 株式譲渡の内容

株式譲渡は事業譲渡と並んで最も一般的なM&Aのスキームです。中小企業のM&Aといえばほとんどがこのスキームのように思います。株式譲渡が最もよく使われるのは、手続が簡単で、しかも早く、課税に関する不確実性が最も小さいからです。詳細な特徴は「(4) 株式譲渡のメリット」「(5) 株式譲渡のデメリット」で説明します。

## (2) 株式取得の方法

株式を取得する方法は、株式譲渡や市場での株式の買付けのほか、第三者割当増資の引き受け、公開買付け（TOB）、株式交換、合併という方法があります。なお、公開買付け（TOB）については、本書では詳しく触れませんが、EDINETまたは日刊新聞紙への掲載等の方法による公告を通じて対象会社（有価証券報告書提出会社）の株式などの一定数について買付価格を提示して、株式市場外で一定期間を定めて買付けを行う方法です。上場会社等の金融商品取引法適用会社の発行済株式総数の3分の1を超える株式を一括買収する場合には、公開買付けの手続が必要とされており、その手続は金融商品取引法で厳格に定められています。上場会社をM&Aで取得する場合の1つの方法ではありますが、本書の対象としている中小企業が上場会社をM&Aにより取得するようなケースはほとんどないと思われますので、本書では詳しくは触れません。

[図3-3-1] 株式譲渡①(実行前)

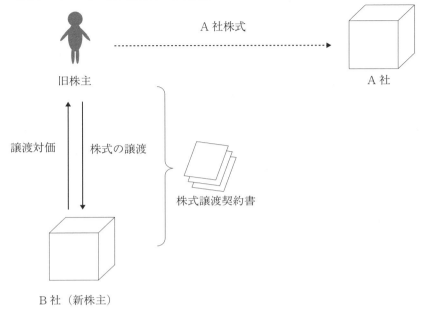

### (3) 株式譲渡の手続

　株式譲渡も、売り手と買い手の契約の中で詳細を定めることができます。売り手の会社の株主が自分の保有している株式の全部または一部を買い手に売却する契約を締結して株式譲渡が実行されます。[図3-3-1](株式譲渡①(実行前))をご覧ください。これは、A社の株主がB社に対して株式を譲渡するイメージ図です。A社の株主(売り手)とB社(買い手)は、A社の株主が保有しているA社の株式をB社に譲渡する内容の株式譲渡契約を締結します。この株式譲渡契約にはA社の株主がB社に対して株式を譲渡すること、B社がA社の株主に対してその対価を支払うことなどを規定します。この株式譲渡が実行された後のイメージ図が、[図3-3-2](株式譲渡②(実行後))のような状態になります。

[図 3 − 3 − 2] 株式譲渡②（実行後）

なお、この株式譲渡の手続は、株式譲渡の対象となる会社（A社）が、株券発行会社かどうかで異なります。

(A) 株券発行会社の場合

株式譲渡の対象会社（A社）が株券発行会社である場合には、譲渡人（旧株主）から株券を買い手（B社／新株主）に交付しなければ、株式譲渡の効力は生じません（会社法128条）。また、株主名簿に株式を取得した者（B社／新株主）の氏名または名称および住所を記載しなければ、買い手である新株主（B社）は株式譲渡の対象会社（A社）に対して権利移転を対抗することはできません（会社法130条2項）。

(B) 株券不発行会社の場合

株式譲渡の対象会社（A社）が株券不発行会社である場合には、株式譲渡は当事者（A社の既存株主とB社）の合意によって実現しますが、株主名簿の名義書換えが、対象会社（A社）のみならず第三者に対しても対抗要件として必要になります（会社法130条1項）。なお、上場会社など「株券電子化」

された振替株式については特則があり、振替口座簿に記載がなければ株式譲渡の効力が生じず(社債、株式等の振替に関する法律140条)、この振替口座への記載をもって、株主名簿への名義書換えがされたものとみなされます(同法152条1項)。

## (4) 株式譲渡のメリット

### (A) 手続が簡単で迅速であること

株式譲渡のメリットは何と言っても手続が簡単で、時間的にも短時間で手続を実行することができることです。売り手側の会社も、買い手側の会社も株主総会招集・承認の手続を経る必要がありません(非公開会社であっても取締役会の決議のみで譲渡が可能な会社がほとんどです)。また、事業譲渡のように個別の権利承継手続を経る必要もありません。

### (B) 包括承継であること

A社(売り手)の会社の財産や権利等をB社(買い手)に包括的に移転することができます。そのため、B社(買い手)が過半数の株式の譲渡を受ければ、会社の経営権の移転を実現することが可能です。

### (C) 取引の安定を維持しやすいこと

基本的には会社名も従業員も取引先もそのままで株主構成のみが変わることになりますので、外部からは経営状態の変更がみえにくいこともメリットです。多くの取引先からすると、単に会社のオーナーが変更になったとしても、経営者に変更がなければ、従前どおりの取引を継続することに支障を感じないことが多いと思われます。そのような意味でM&Aの実行によって会社の信用や経営状態に与える影響は軽微なもので済ませることができます。

### (D) 許認可が影響を受けないこと

取引の前後で買収対象企業であるA社の法人格には何の変更も生じることはなく、単に株主構成のみが変わるだけですので、許認可も影響を受けることはありません。この点は、合併や事業譲渡と比べて、新株発行の場合と

同様、株式譲渡のメリットです。

### (E) 買収資金を節約することが可能であること

株式譲渡の場合には、B社（買い手）が、A社（売り手）の株式のすべてを取得しなくても、A社（売り手）の株式の過半数を取得すれば、A社（売り手）の経営権をほぼ手中に収めることが可能となります。そのため、B社（買い手）がA社（売り手）を買収する際のコストを削減する必要性がある場合には、株式譲渡が望ましいスキームと言えます。

## (5) 株式譲渡のデメリット

### (A) 簿外債務・偶発債務の承継

包括承継ですので、株式譲渡を実行した後に簿外債務や偶発債務が発覚するといったリスクがあります。簿外債務は貸借対象表上に表れていない債務です。偶発債務は現時点で履行すべき必要はないものの将来一定の条件が整えば履行しなければならない債務です。株式譲渡の場合には、包括承継なので簿外債務や偶発債務を承継してしまうリスクを遮断することができません。

### (B) チェンジ・オブ・コントロール条項の影響

株式譲渡の実行に際して、売り手の取引先から個別の承諾を得る必要はありませんが、売り手と取引先の契約にチェンジ・オブ・コントロール（change of control）条項が規定されている場合も多いため、この点に注意が必要です。ライセンス契約や融資契約や販売代理店契約や賃貸借契約などの契約を結ぶときに、契約条項の中に主要株主の異動や変更、経営陣の交代といった経営上の重要な変更が発生した場合には、直ちに契約を解消することができる内容の規定が設けられていることが多く、このような規定をチェンジ・オブ・コントロール条項と言います。そのため、売り手の締結している契約が売り手が営んでいる事業を維持するために重要な契約である場合には、株式譲渡に際して必要な手当てを行う必要があります。

### (C) 公開買付規制を受ける場合がある

A社株主（売り手）からB社（買い手）に対する株式譲渡が公開買付規制の対象となる場合には、相当の時間と費用がかかるだけではなく、全株主を平等に取り扱う等の制約が課せられる可能性があります。

## (6) 段階的な株式譲渡スキーム

一気に株式譲渡を行うこともあると思いますが、時間的に余裕があるのであれば、売り手も買い手も段階的に株式譲渡を行っていくという方法があります。特に人的な関係が濃厚な中小企業の場合にはこのような方法が効果的です。このような方法をとることで、段階的に売り手の会社や事業の内容をモニタリングすることができるので、株式譲渡の実行後に簿外債務や偶発債務が発覚して、買い手が看過しがたい損害を被ることを防ぐことができます。また、買い手は時間をかけて経営に参画していくことができるので、M&A実行後の経営や事業の運営も安定させることができるので、安全です。

# 4 新株発行

## (1) 新株発行の M&A での活用

### (A) 新株発行のイメージ

　新株発行は本来的には会社の資金調達方法の1つですが、M&Aの一手法として活用することが可能です。［図3－4－1］（第三者割当増資①（実行前））をご覧ください。この図は第三者割当増資を行う前の状態のイメージ図です。対象会社であるA社には既存株主がいますが、このたび、M&Aを行うことにして、B社（買い手）に第三者割当増資を行うこととします。B社はA社に対して株式取得代金の払込みを行い、A社の株主になります。その後の状態が、［図3－4－2］（第三者割当増資②（実行後））ですが、A社の株主としては、既存株主と新規株主としてのB社が登場するという状態になります。会社に資金が注入されるため、会社の財務基盤が強化されることになります。そのため、対象会社であるA社にもメリットがあり、A社の経営陣の理解を得られやすい方法であるといえます。

### (B) 新株発行の方法

　新株発行の方法としては、新株引受権を誰に与えるか、または誰にも与えないで募集するかによって「株主割当て」「第三者割当て」「一般募集」に分かれますが、M&A取引においては、一般的に株主以外の第三者に割当てを行う「第三者割当て」の方法がほとんどですので、以下では［図3－4－1］（第三者割当増資①（実行前））および［図3－4－2］（第三者割当増資②（実行後））のように「第三者割当て」の場合を念頭に説明します。

*159*

第3章 M&Aの具体的方法

[図3-4-1] 第三者割当増資①（実行前）

[図3-4-2] 第三者割当増資②（実行後）

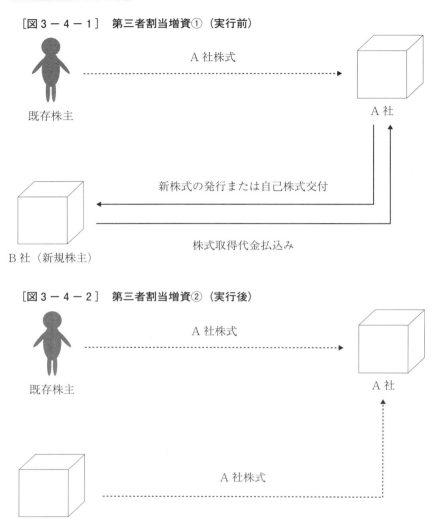

## (2) 新株発行の手続

M&A取引における新株発行では、対象会社であるA社とB社（買い手）

の間の交渉を経て、A社（売り手）とB社（買い手）が新株引受契約を締結します。その後、対象会社であるA社（売り手）での新株発行の取締役会決議、B社（買い手）の新株引受価格の払込みの手続が行われ、M&Aが完了するという流れになります。

### (3) 新株発行のメリット

#### (A) 売り手の資本力強化と財務内容の健全化が図れる

新株発行の場合は、株式譲渡とは異なり、B社（買い手／新規株主）からのM&Aの対価はすべて株式払込金としてA社（売り手）に入るので、経営権の移転とあわせて、A社（売り手／譲渡会社）の資本力強化と財務内容の健全化を図ることにつながります。M&Aが株式譲渡の方法で行われる場合には、対象会社であるA社の株主に譲渡対価が入ることになりますが、新株発行の方法で行われる場合には、対象会社であるA社に新株発行の対価が入ることになります。その結果、対象会社であるA社自身に、資金が投入され、A社は新しい設備投資や研究開発や運転資金の元手としてその資金を活用することができるのです。

#### (B) 事業譲渡や合併などと比べて手続が簡易である

新株発行の場合、会社法上、対象会社であるA社の取締役会の決議や株主に対する公示などの手続が必要とされます。そのため、株式譲渡よりは手続の労は多いものの、それでも、事業譲渡や合併に比較すると相当簡易な手続であるといえます。

#### (C) 取引の安定を維持しやすいこと

基本的には会社名も従業員も取引先もそのままで株主構成のみが変わることになるので、外部からは経営状態の変更がみえにくいこともメリットです。多くの取引先からすると、単に会社のオーナーが変更になったとしても、経営者に変更がなければ、従前どおりの取引を継続することに支障を感じないことが多いと思われます。そのような意味でM&Aの実行によって会社の

信用や経営状態に与える影響は軽微なもので済ませることができます。

### (D) 許認可が影響を受けないこと

取引の前後で買収対象企業であるA社の法人格には何の変更も生じず、A社の株主構成のみが変わるだけですので、許認可も影響を受けることはありません。この点は合併や事業譲渡と比べて、株式譲渡の場合と同様、新株発行のメリットです。

### (E) 売り手に反対株主がいる場合に功を奏する

A社（売り手）の企業にM&Aに反対する株主がいて、既存株主だけでは目標とする株式の保有割合の達成が難しい場合にも用いることができます。B社（買い手）がA社（売り手）の支配権または影響力を行使し得る程度のA社（売り手）の株式数を取得してしまえば、A社（売り手）に反対株主がいたとしても、B社（買い手）の意向に沿ってA社（売り手）の経営や事業の運営を進めていくことが可能になります。たとえば、従前のA社（売り手）の発行済株式数の中で賛成派の株主からの株式譲渡だけでは、B社（買い手）がA社（売り手）に対して「支配権または影響力を行使し得る程度」の株式数を取得できない場合には、新株発行の方法を用いることで、この問題をクリアすることが可能になります。

### (F) 買い手は買収資金を節約することが可能であること

B社（買い手）は、A社（売り手）の支配権を獲得し得る、または影響力を行使し得る程度の株式数を取得すれば足りるので、新株発行によるM&Aの場合には、B社（買い手）が、A社（売り手）の株式のすべてを取得しなくても、A社（売り手）の株式の過半数を取得すれば、A社（売り手）の経営権をほぼ手中に収めることが可能となります。そのため、B社（買い手）がA社（売り手）を買収する際のコストを削減する必要がある場合には、株式譲渡と同様、新株発行も活用し得るスキームです。

### (G) 公開買付規制を受けない

株式譲渡の場合には、A社（売り手）からB社（買い手）に対する取引が

公開買付規制の対象となる場合には、公開買付規制を受け、相当の時間と費用がかかるだけではなく、全株主を平等に取り扱う等の制約が課せられる可能性があります。しかし、新株発行の場合には、このような制約を受けることはありません。

### (4) 新株発行のデメリット

#### (A) 買い手に株式譲渡の場合よりも多額の買収資金が必要になる

たとえば、B社（買い手）が買収対象会社であるA社の経営権を取得しようとした場合、仮にA社の価値を10億円として1％の割合の株式を取得するために1000万円が必要だとすると、株式譲渡の場合にはB社（買い手）は5億1000万円の資金を用意すれば、株式割合の51％を取得することになるので、A社の経営権を手中に収めることができます。ところが、新株発行の方法で、B社が51％を取得するためには、B社は10億4000万円が必要になります（10億4000万円÷（10億円＋10億4000万円）＝51％）。もちろん、B社（買い手）は対象会社であるA社の株式を通じて間接的に持ち分を保有していますが、実際に買収資金が必要になることを考えると、株式譲渡のほうが、B社（買い手）が買収に際して用意しなければならない資金は少なくて済むことになるのです。

#### (B) 株主総会の特別決裁

A社（売り手）がA社（売り手）の既存株主以外の第三者であるB社（買い手）に対し、特に有利な発行価額によって株式を割り当てる場合（有利発行という）には、公開会社でない会社であっても株主総会における特別決議（出席株主の議決権の3分の2以上による決議）が必要になります（会社法199条3項、201条1項）。

#### (C) 不公正な発行においては差止めリスクがある

不公正な新株の発行については既存の株主から新株発行差止請求がなされるリスクがあります。すなわち、会社が新たに株式を発行するに際し、会社

が法令もしくは定款に違反、または著しく不公正な方法によって株式を発行することによって株主が不利益を受けるおそれがある場合、株主はその新株発行について差止めを請求できるとされています（会社法210条）。この請求は通常はA社（売り手）の既存株主からA社（売り手）の新株発行差止請求訴訟という訴えや仮処分という形で裁判所に提訴する方法で行使されることになります。

### (D) 受贈益に対して課税される可能性がある

税務上、新株主への割当増資が時価より低額で行われた場合には、受贈益に対して課税される可能性があります。

# 各論 5 株式交換

## (1) 株式交換の概要

### (A) 株式交換とは

　株式交換とは、自社の株式を対価として他社の株式すべてを取得する方法をいいます。会社法上は「株式会社がその発行済株式（株式会社が発行している株式をいう）の全部を他の株式会社又は合同会社に取得させることをいう」と定義されています（会社法2条31号）。株式交換制度は、経営統合、グループ再編、M&Aの手段として利用される会社組織再編行為の1つです。株式交換制度を使えば、自ら資金を準備することなく、企業を買収することができる一方で、取得される側の株主としては、取得先の株式を取得したくなければ、株主総会において反対し、会社に対して株式等を買い取るように請求することも可能という形で、それぞれの利害関係の調整が図られています。

### (B) 株式交換は組織法上の行為

　株式交換は、事業譲渡と異なり、合併、会社分割、株式移転と同様に会社が組織再編にあたって活用する方法の1つとして会社法上に法定されています。そのため、合併、会社分割、株式移転と同様に、会社法において契約・計画に定める事項、組織再編の効力、事前開示事項・事後開示事項、株式・新株予約権買取請求手続、債権者保護手続、労働者保護手続、効力発生日の変更手続等が詳細に規定されています。そのため、会社法の定める手続を適法に履践しなければ、有効な株式交換を実現することはできないので、注意が必要です。また、株式交換は、売り手の法人格そのものに着目した手続で

第3章 M&Aの具体的方法

すので、売り手の事業は買い手そのものに取り込まれることはありません。売り手の株主構成が変更するのみで、売り手の権利義務関係は組織再編行為の前後で変化はありません。そのため、買い手が売り手の簿外債務や偶発債務を承継することはありませんが、統合のシナジーが間接的にとどまるという特徴があります。詳細は下記「(3) 株式交換のメリット」「(4) 株式交換のデメリット」の項目で説明します。

(C) 株式交換契約の内容が重要

この点、会社法上、株式交換をする当事者は株式交換契約を締結しなければならない旨が規定されています（会社法767条）。また、株式交換契約において定めなければならない事項も会社法に規定されています（会社法768条）。そのため株式交換を行うためには、これらの法律の規制内容を踏まえて慎重に手続を進めていく必要があります。

(D) 株式交換のイメージ

[図3－5－1]（株式交換①（実行前））をご覧ください。A社（売り手）

[図3－5－1] 株式交換①（実行前）

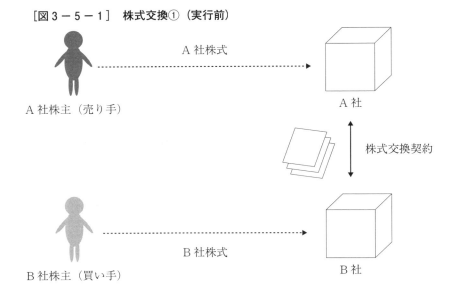

[図3-5-2] 株式交換②（実行）

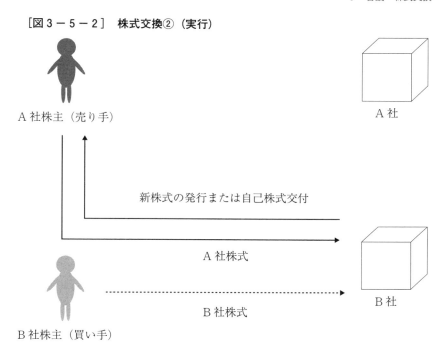

がB社（買い手）との間で株式交換のスキームでB社（買い手）によるA社（売り手）の買収を行おうと検討し、A社とB社は「株式交換契約」を締結します。そして株式交換契約の内容に従って、［図3-5-2］（株式交換②（実行））のように、A社の株主は自分が保有していたA社株式の代わりに、B社株式を取得します。その結果、［図3-5-3］（株式交換③（実行後））のような状態に至るという流れで株式交換が実現します。B社は株式交換によって、A社の株式を全部買い占めたのと同様の結果を得ることができるのです。

この点、株式交換では、A社の株主が所有株式の移転を強制されることになります。すなわち、A社の株式は株式交換の日に自動的にB社に移転しますが、この移転は、A社の株主の自由な意思に基づくものではありま

[図3-5-3] 株式交換③(実行後)

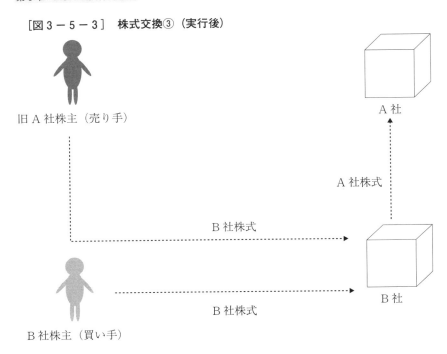

せん。その点で、株式交換は株式譲渡とは大きく異なる制度なのです。

## (2) 株式交換の手続

[図3-5-4](株式交換の手続)をご覧ください。この例は取締役会設置会社である上場株式会社の場合を想定していますが、かなり大がかりな手続になることが理解できると思います。なお、「簡易株式交換」や「略式株式交換」といって、一定の要件のもと、株主総会の承認を省略できる株式交換も認められています。また、非上場の中小企業同士の株式交換の場合には、金融商品取引法等で要求されている「2 公正取引委員会等への事前確認」「5 臨時報告書の提出・適時開示・プレスリリース」「7 訂正臨時報告書の提出」といった手続を経る必要はないので、その分、手続は簡略化されま

[図3−5−4] 株式交換の手続

| | A社<br>(完全子会社になる会社／売り手) | B社<br>(完全親会社になる会社／買い手) |
|---|---|---|
| 1 | 株式交換計画の立案 ||
| 2 | 公正取引委員会等への事前確認 ||
| 3 | 基本合意書の作成 ||
| 4 | 株式交換契約承認取締役会 | 株式交換契約承認取締役会 |
| 5 | 臨時報告書の提出・適時開示・プレスリリース ||
| 6 | 株式交換契約調印 ||
| 7 | 訂正臨時報告書・有価証券届出書・有価証券通知書の提出 ||
| 8 | 株主総会招集のための取締役会 | 株主総会招集のための取締役会 |
| 9 | 事前開示事項の本店備置き | 事前開示事項の本店備置き |
| 10 | 株式交換契約承認株主総会 | 株式交換契約承認株主総会 |
| 11 | 債権者異議申述公告および催告（1カ月以上）<br><br>株券提出通知または公告（1カ月以上）<br><br>新株予約権証券提出公告および催告（1カ月以上） | 債権者異議申述公告および催告（1カ月以上） |
| 12 | 株式買取請求の通知または公告（20日以上）<br><br>新株予約権買取請求の通知または公告（20日以上）<br><br>登録株式質権者、登録新株予約権質権者に対する通知または公告（20日以上） | 株式買取請求の通知または公告（20日以上） |
| 13 | 効力発生日 ||
| 14 | 株式交換対価の交付 ||
| 15 | | 株式交換による変更の登記 |
| 16 | 事後開示事項の本店備置き（効力発生日から6カ月間） ||

すが、それ以外に会社法で要求されている手続は履践することが必要になります。

### (3) 株式交換のメリット

#### (A) 株式を対価とする場合には資金がなくとも買収が可能

株式交換においては、原則として自社株式を交付することになるので、資金がなくとも買収が可能となります。株式譲渡の場合には、譲渡対価を現金で用意しなければなりませんが、株式交換の場合にはそのような資金を用意せずに買収を行うことができるのです。なお、［図3－5－1］（株式交換①（実行前））から［図3－5－3］（株式交換③（実行後））までのイメージ図でも株式交換の対価は自社の株式を想定していますが、株式交換の対価は必ずしも自社の株式である必要はなく、他の会社の株式や現金や新株予約権や新株予約権付社債等でも可能です。

#### (B) 個別の債権債務関係の承継手続が不要である

株式交換の場合には、［図3－5－3］（株式交換③（実行後））のイメージ図にも記載されているとおり、株式交換の結果によっても、Ａ社（売り手）とＢ社（買い手）は別々の法人として存続することになります。そのため、事業譲渡の場合のように個別の債権債務関係の承継手続を経る必要はありません。

#### (C) 別法人としての運営ができる

株式交換の結果によっても、Ａ社（売り手）とＢ社（買い手）は別々の法人として存続することになります。そのため、Ａ社（売り手）の抱えている簿外債務や偶発債務がＢ社（買い手）に承継されることはありません。また、実際の管理運営自体も別々の会社でそれぞれ行われることになるので、異なる従業員の給与体系を統合する必要もありませんし、従業員間のあつれきやシステム統合リスクが生じにくく、異なる企業文化の会社を緩やかに統合することが可能になります。

(D) 売り手に生じる譲渡益の発生を遅らせることができる

売り手が株式譲渡を行った場合には、売り手には譲渡益が発生します。しかし、株式交換の場合には、租税特別措置法の適用によって、売り手に発生する譲渡益の実現を遅らせることができます。

(E) 上場企業の場合であっても公開買付手続を必要としない

上場企業の株式を取得する場合には、公開買付手続に関する各種の規制を受けることになります。しかし、株式交換の場合には公開買付手続に関する規制を受けずにM&Aを実現することが可能です。

## (4) 株式交換のデメリット

### (A) 簿外債務や偶発債務の間接的な影響

株式交換によっても、A社（売り手）とB社（買い手）は別々の法人として存続することになります。そのため、A社（売り手）の簿外債務や偶発債務をB社（買い手）が直接的に承継することはありません。そして、株主はあくまで有限責任とされているので、A社（売り手）の簿外債務や偶発債務というリスクをB社（買い手）が完全に承継してしまう合併とは異なります。もっとも、株式交換によって、A社（売り手）はB社（買い手）の完全子会社という形になるので、株式の取得という形でB社（買い手）もA社（売り手）の簿外債務や偶発債務の影響を間接的に受けることになります。この点では、売り手の簿外債務や偶発債務によるリスクを完全に切り離すことができる事業譲渡とは異なります。

### (B) 株主総会決議・登記等を経る必要がある

合併のような債権者保護手続は原則として不要ですが、株主総会決議や登記等を経る必要があり、手続には相応の負担があります。

### (C) 売り手に価格変動リスクが生じる場合がある

対価が原則として株式ですので、売り手は買い手の株価の変動によって影響を受けることになります。株式交換の買い手は上場企業の場合が多いと思

われますが、この場合には買い手の資産や業績だけではなく、株式市場の動向によっても左右されることになってしまいます。

# 6 各論 株式移転

## (1) 株式移転の概要

### (A) 株式移転とは

　株式移転は、1または2以上の株式会社がその発行済株式の全部を新たに設立する株式会社に取得させることです。会社法上は「一又は二以上の株式会社がその発行済株式の全部を新たに設立する株式会社に取得させることをいう」と定義されています（会社法2条32号）。その結果として新たに株式会社が設立され、従来の株式会社は新設会社の完全子会社（100％子会社）となります。企業組織再編手法の1つで、持株会社（ホールディングカンパニー）をつくる場合に用いられます。

### (B) 株式移転は組織法上の行為

　株式移転は、事業譲渡と異なり、合併、会社分割、株式交換と同様に会社が組織再編にあたって活用する方法の1つとして会社法に法定されています。そのため、合併、会社分割、株式交換と同様に、会社法において契約・計画に定める事項、組織再編の効力、事前開示事項・事後開示事項、株式・新株予約権買取請求手続、債権者保護手続（株式移転完全子会社の新株予約権が新株予約権付社債である場合）、労働者保護手続、効力発生日の変更手続等が詳細に規定されています。会社法の定める手続を適法に履践しなければ、有効な株式移転を実現することはできませんので、注意が必要です。詳細は下記「(3) 株式移転のメリット」「(4) 株式移転のデメリット」の項目で説明します。

(C) 株式移転のイメージ

［図3−6−1］（株式移転①（実行前））をご覧ください。A 社と B 社が持株会社をつくることを検討しています。そして、スキームとして株式移転を採用することになりました。その後、［図3−6−2］（株式移転②（実行））のように、A 社の株主と B 社の株主は株式移転計画に基づき、C 社（完全親会社）の株式の割当てを受けます。そして［図3−6−3］（株式移転③（実行後））のように C 社（完全親会社）の傘下に A 社と B 社が入るというイメージで進んでいきます。

［図3−6−1］ 株式移転①（実行前）

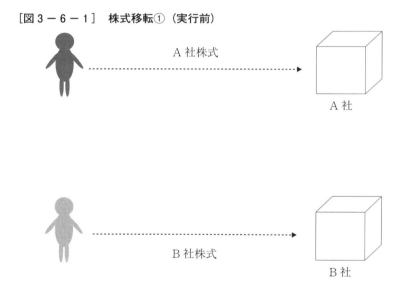

## (2) 株式移転の手続

［図3−6−4］（株式移転の手続）をご覧ください。この例は取締役会設置会社である上場会社の場合を想定していますが、株式譲渡のところでも記載した一般的なスケジュール以外に、株式移転の場合にも、原則として株主

[図3－6－2] 株式移転②（実行）

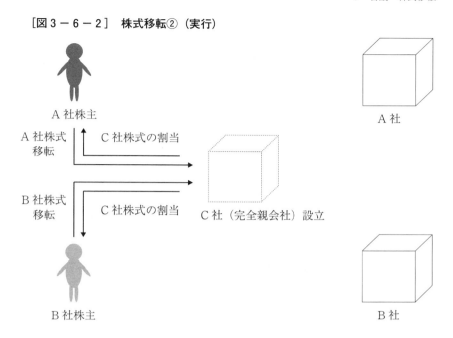

総会の特別決議（出席株主の議決権の3分の2以上による決議。招集通知の発送は総会の1週間前または2週間前）が必要であり、また、事前備置書類の備え置き（総会の2週間前）、債権者保護手続（効力発生日から1カ月以上前に公告・催告）、株主等への通知・告知（効力発生日20日前）等が必要となるため、条件合意から約2カ月程度の時間を要することになります。非上場の中小企業同士の株式移転の場合には、金融商品取引法等で要求されている「2　公正取引委員会等への事前確認」「5　臨時報告書の提出・適時開示・プレスリリース」「7　訂正臨時報告書・有価証券届出書・有価証券通知書の提出」「13　公正取引委員会への届出」といった手続を経る必要はないので、その分、手続は簡略化されますが、それ以外に会社法で要求されている手続を履践することが必要になります。

[図3－6－3] 株式移転③（実行後）

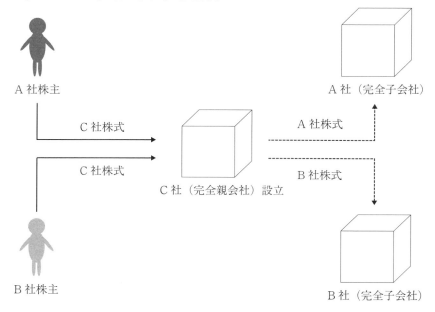

### (3) 株式移転のメリット

(A) 完全親会社の株式を対価とするため資金不要で買収ができる

株式移転の場合、完全親会社を設立し、その会社の株式を対価に完全親子会社関係を創出するため、資金がなくとも買収が可能となります。

(B) スケールメリットの享受や信用力の向上が図れる

純粋持株会社を設立することにより、グループ会社としての統率がとれ、グループ会社のスケールメリットを享受することができます。また、取引先および金融機関等からの信用性が向上する場合もあります。

6　各論・株式移転

[図3-6-4]　株式移転の手続

| | A社およびB社<br>（完全子会社） | C社<br>（完全親会社） |
|---|---|---|
| 1 | 株式移転計画の立案 | |
| 2 | 公正取引委員会等への事前確認 | |
| 3 | 基本事項の決定 | |
| 4 | 株式移転承認取締役会 | |
| 5 | 臨時報告書の提出・適時開示・プレスリリース | |
| 6 | 株式移転計画の策定 | |
| 7 | 訂正臨時報告書・有価証券届出書・有価証券通知書の提出 | |
| 8 | 株主総会招集のための取締役会 | |
| 9 | 事前開示事項の本店備置き | |
| 10 | 株式移転計画承認株主総会 | |
| 11 | 債権者異議申述公告および催告（設立登記(13)まで1カ月以上）<br>株券提出公告および通知（設立登記(13)まで1カ月以上）<br>新株予約権証券提出公告および催告（設立登記(13)まで1カ月以上） | |
| 12 | 株式買取請求の通知または公告（株式移転計画承認株主総会(10)から2週間以内）<br>新株予約権買取請求の通知または公告（株式移転計画承認株主総会(10)から2週間以内）<br>登録株式質権者、登録新株予約権質権者に対する通知または公告（株式移転計画承認株主総会(10)から2週間以内） | |
| 13 | 公正取引委員会への届出 | |
| 14 | | 設立登記<br>（効力発生日） |
| 15 | | 株式移転対価の交付 |
| 16 | 事後開示事項の本店備置き（効力発生日から6カ月間） | |

## (4) 株式移転のデメリット

### (A) 簿外債務や偶発債務の間接的な影響

　株式移転の結果によっても、Ａ社とＢ社はＣ社とは別々の法人として存続することになります。そのため、それぞれの簿外債務や偶発債務をＣ社（完全親会社）が直接的に承継することはありません。そして、株主はあくまで有限責任とされているので、Ａ社（完全子会社）とＢ社（完全子会社）の簿外債務や偶発債務というリスクをＣ社（完全親会社）が完全に承継してしまう合併とは異なります。もっとも、株式移転によって、Ａ社（完全子会社）とＢ社（完全子会社）はＣ社（完全親会社）の完全子会社という形になるので、株式の取得という形でＣ社（完全親会社）もＡ社（完全子会社）やＢ社（完全子会社）の簿外債務や偶発債務の影響を間接的に受けることになります。この点では、売り手の簿外債務や偶発債務によるリスクを完全に切り離すことができる事業譲渡とは異なります。

### (B) 株主総会決議・登記等を経る必要がある

　合併のような債権者保護手続は原則として不要ですが、株主総会決議や登記等を経る必要があり、手続には相応の負担があります。

### (C) 価格変動リスクが生じる場合がある

　対価が原則として株式ですので、Ａ社（完全子会社）の株主やＢ社（完全子会社）の株主に、資産や業績や市場の動向による価格変動リスクが生じることになります。

# 7 各論 会社分割

## (1) 会社分割の概要

### (A) 会社分割とは

会社法上、会社分割は、株式会社または合同会社がその事業に関して有する権利義務の全部または一部を分割後他の会社または既存の会社に承継させることをいうと定義されています（会社法2条29号・30号）。そして、会社分割には、「新設分割」と「吸収分割」があり、会社の一部事業を切り離して新しい会社を設立するのが前者で、会社の一部事業を切り離して既存の会社に吸収させるのが後者です。会社分割は一般的に、肥大化した多角化部門などを整理し、企業規模を適正化するときに用いられる手法です。ただし、後述する吸収分割の手法を用いれば、資金力のない小規模なベンチャー企業が大企業の多角化部門を買収することも可能になります。会社分割の手法は部門売買という観点からは事業譲渡に類似し、また、買収資金を現金ではなく新株発行に求める点からは合併に類似したM&Aの手法であるといえます。対価は株式となるのが通常ですが、吸収分割において株式の代わりに現金を交付する形で行うことができ、M&Aの一手法として活用することができます。

### (B) 会社分割は組織法上の行為

会社分割は、事業譲渡と異なり、合併、株式交換、株式移転と同様に会社が組織再編にあたって活用する方法の1つとして会社法に法定されています。そのため、合併、株式交換、株式移転と同様に、会社法において契約・計画に定める事項、組織再編の効力、事前開示事項・事後開示事項、株式・新株

予約権買取請求手続、債権者保護手続、労働者保護手続、効力発生日の変更手続等が詳細に規定されています。そのため、会社法の定める手続を適法に履践しなければ、有効な会社分割を実現することはできないので、注意が必要です。

(C)　合併との比較

吸収合併の場合には、効力発生日において、存続会社が消滅会社の権利義務のすべてを承継するのに対して、吸収分割の場合には、効力発生日において承継会社が吸収分割契約に定めた分割会社の権利義務を承継します（会社法759条1項）。そのため、会社分割の場合には買い手が必要な部分のみを承継することができる点で吸収合併とは大きな違いがあります。

(D)　事業譲渡との比較

会社分割とよく比較されるのが事業譲渡です。会社分割も特定の事業を切り出すという点では、事業譲渡と同様の経済的効果を生じることになりますが、事業譲渡による事業の承継は特定承継として権利義務が個別に移転するのに対して、会社分割による事業の承継は合併と同様に包括承継として権利義務が包括的に移転する点で大きな違いがあります。すなわち、吸収分割は、その効力として、効力発生日において承継会社が分割会社の権利義務を承継する旨が法定（会社法759条1項）されている組織法上の行為ですが、事業譲渡はその効力が法定されているわけではなく、あくまで当事者間の契約によって権利義務が移転する取引上の行為です。このように吸収分割は組織法上の行為ですので、債務の承継や契約上の地位の移転に債権者や契約の相手方の個別の同意は必要とされていません。そのため、吸収分割においては債権者保護手続が法定されており、債権者に対する通知や公告のための期間が必要になります。また、吸収分割の場合には、分割会社の法人格は吸収分割後も存続しますが、それにもかかわらず、分割会社の労働者の意思に反して雇用契約の承継の有無が決まる可能性があるので、労働者保護手続も設けられています。

### (E) 会社分割で承継される対象と範囲

　会社分割においては、分割契約等に定められた権利義務や契約関係を引き継ぐことが原則です。［図３－７－１］（吸収分割①（実行前））をご覧ください。これはＢ社（買い手）がＡ社（売り手）の営んでいるＡ事業を承継する場合の会社分割の場合のイメージ図です。Ａ社（売り手）とＢ社（買い手）は分割契約を締結するのですが、この分割契約の中で、Ｂ社（買い手）が承継する資産や債務や契約関係などを明確にして承継の範囲を特定することになります。そして、分割手続を進めていくことで、［図３－７－２］（吸収分割②（実行後））の状態に至ることになります。もっとも、会社分割の手

［図３－７－１］　吸収分割①（実行前）

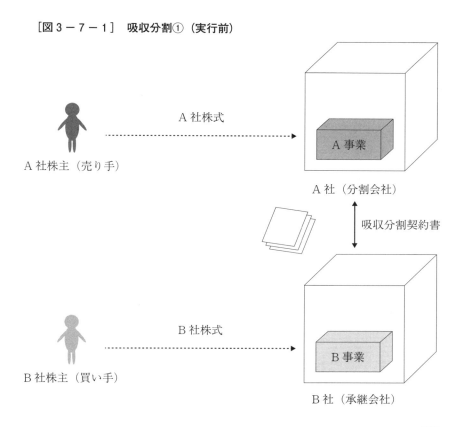

[図3-7-2] 吸収分割②(実行)

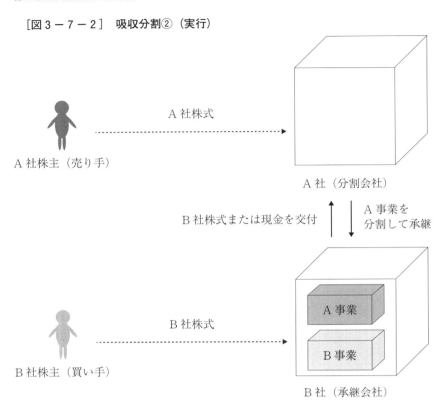

続において異議を述べることができるA社(売り手)の債権者が個別催告を受けなかった場合には、分割契約等において分割後にB社(買い手)に対して債務の履行を請求できないとされても、B社(買い手)が承継した財産の価格を限度として、B社(買い手)にその債務の履行を請求できるとされているので(会社法759条3項、761条3項、766条3項)、分割契約の内容やその後の会社分割の手続に際しては注意が必要です。

### (2) 会社分割の手続

[図3-7-3](会社分割の手続(吸収分割))をご覧ください。この例は

[図3－7－3] 会社分割の手続（吸収分割）

| | A社<br>（分割会社／売り手） | B社<br>（承継会社／買い手） |
|---|---|---|
| 1 | 計画立案・基本合意 ||
| 2 | 公正取引委員会等への事前確認 ||
| 3 | 分割承認取締役会決議 ||
| 4 | 臨時報告書の提出・適時開示・プレスリリース ||
| 5 | 分割契約締結 ||
| 6 | 訂正臨時報告書・有価証券届出書・有価証券通知書の提出 ||
| 7 | 労働者保護手続 | |
| 8 | 株主総会招集のための取締役会 | 株主総会招集のための取締役会 |
| 9 | 事前開示事項の本店備置き | 事前開示事項の本店備置き |
| 10 | 分割承認株主総会 | 分割承認株主総会 |
| 11 | 債権者異議申述公告および催告（1カ月以上）<br><br>新株予約権証券提出公告および催告（1カ月以上） | 債権者異議申述公告および催告（1カ月以上） |
| 12 | 株式買取請求の通知または公告（20日以上）<br><br>新株予約権買取請求の通知または公告（20日以上）<br><br>登録株式質権者、登録新株予約権質権者に対する通知または公告（20日以上） | 株式買取請求の通知または公告（20日以上） |
| 13 | 公正取引委員会への吸収分割に関する計画の届出 ||
| 14 | 効力発生日 ||
| 15 | 分割対価の交付 ||
| 16 | 分割による変更の登記 ||
| 17 | 事後開示事項の本店備置き（効力発生日から6カ月間） ||

取締役会設置会社である上場株式会社の場合を想定しています。会社分割の場合にも、原則として株主総会の特別決議（出席株主の議決権の3分の2以上による決議。招集通知の発送は総会の1週間前または2週間前）が必要であり、また、事前備置書類の備え置き（総会の2週間前）、債権者保護手続（効力発生日から1カ月以上前に公告・催告）、株主等への通知・告知（効力発生日20日前）等が必要となるため、条件合意から約2カ月程度の時間を要することになります。

### (3) 会社分割のメリット

#### (A) 会社の部門ごと事業ごとに分割できる

会社の一部を特定して、分割することができるので、たとえば事業部ごとや支店ごとに分割し、移転することが可能となります。

#### (B) 権利義務を包括的に移転することが可能である

吸収分割の場合には、包括承継となるので、当該会社の一部の契約関係や信用等を包括的に承継することが可能となります。また、A社（売り手）の資産の承継や契約関係の承継をする際に、A社（売り手）の契約の相手方から個別の承諾を得る必要はなく、B社（買い手）が承継することが可能になります。他方で、A社（売り手）の負債の承継についても、A社（売り手）の債権者から個別の承諾を得る必要はなく、B社（買い手）が承継することが可能になります。

#### (C) 労働契約の承継

通常は事業の承継にあわせてその事業に従事する労働者を転籍させたい場合には、各労働者から個別の承諾を得る必要があります。しかし、会社分割の場合には、A社（売り手）の他の契約と同様に、労働契約についても個々の労働者から個別の承諾を得ることなく、B社（買い手）に承継させることができます。そのため、A社（売り手）からA社が営んでいる事業とともにA社と雇用契約を締結している多数の労働者をB社（買い手）に承継したい

場合には、会社分割のスキームを用いるメリットがあります。なお、会社分割の場合には、「会社分割に伴う労働契約の承継等に関する法律」の手続に沿って承継手続を進める必要があるので、注意が必要です。

(D) 許認可・届出の承継

会社分割においては、分割契約等において承継すると定められた権利義務については、A社（売り手）からB社（買い手）に承継されるのが原則です。そのため、B社（買い手）はA社（売り手）の許認可や届出も承継することが可能となりますが、許認可の種類によっては、B社（買い手）があらためて取得することが必要なものや、事前に届出を行うことで承継が可能なもの等さまざまなものがあります。会社分割を行う場合には、この点を事前に確認したうえで手続を進めていく必要があります。

(E) 買い手が現金を用意しなくても買収ができる場合がある

事業譲渡の場合には、原則的に承継の対価は現金に限られます。しかし、会社分割の場合には、金銭のほかにB社（買い手）の株式、社債、新株予約権、新株予約権付社債等を承継する権利義務の対価とすることが認められています（会社法758条4号、763条8号）。そのため、B社（買い手）が会社分割のスキームを用いれば、多額の現金を用意しなくても、A社（売り手）の事業を承継することができる場合があります。

(F) 資産移転に対する課税

会社分割は、事業譲渡等の他の資産の移転と比べて、これに対する課税が軽減されています。そのため、たとえば、A社（売り手）が多数の不動産を保有している場合など、A社（売り手）からB社（買い手）に対して資産を移転する規模が大きいM&Aの場合には会社分割のスキームを用いたほうが、課税コストが低減されるので有利です。具体的には、会社分割は包括承継による資産の移転ですので消費税は非課税となりますし、一定の要件を満たした場合には、不動産取得税が非課税になります。また、会社分割によって不動産所有権移転にかかる登録免許税も通常の場合に比べて軽減されるな

どのメリットがあります。

### (4) 会社分割のデメリット

#### (A) 包括承継であるので負債や法的な瑕疵などが承継されてしまう可能性がある

会社分割の最も大きな特徴は包括承継であることです。A社（売り手）の権利義務がB社（買い手）に包括的に承継されてしまうため、債権者の個別の同意がなくても分割契約書に記載する承継する義務の内容によっては、A社（売り手）が負担していた損害賠償債務などのA社（売り手）の決算書上では明らかになっていない簿外債務や偶発債務がB社（買い手）に承継されてしまう可能性があります。そのため、分割契約書の記載には細心の注意を払う必要があります。また、吸収分割は、吸収分割契約書において対象となるA社（売り手）の資産や権利義務を特定して、特定されたものだけをB社（買い手）が承継することができますが、個別催告が必要な債権者に対して個別催告がなされなかった場合には、債権者は、B社（買い手）が承継した財産の価値を限度として、B社（買い手）に対しても債務の履行を請求することができるとされています（会社法759条3項）。そのため、吸収分割では簿外債務や偶発債務といったリスクを完全に遮断することはできません。

#### (B) 手続が煩雑で時間がかかる

債権者保護手続、労働承継法による手続、事前、事後の開示手続等、手続が煩雑であり、法定の期間制限等もあることから時間がかかるため、スケジューリングが大切になります。また、労働者との協議、株主総会決議、債権者保護手続、登記等を経る必要があるためやはり時間がかかります。これに対して、事業譲渡や株式譲渡の場合には、一般的に会社分割と比べて、短期間で承継の効力を生じさせることが可能です。

#### (C) 売り手に価格変動リスクが生じる場合がある

対価が株式の場合には、売り手は買い手の株価の変動によって影響を受け

ることになります。特に買い手が上場会社であれば、資産や業績だけでなく、株式市場の動向によっても左右されることになってしまいます。

## 8 各論 合併

### (1) 合併の概要

#### (A) 合併とは

合併とは、2つの会社が1つになることです。会社法では、2つ以上の会社は、会社間の契約（「合併契約」）によって、1つの会社に合併できるとされています（会社法748条）。合併の方法には、合併する当事者となる会社すべてが解散して新しい会社を設立する「新設合併」（会社法2条27号）と、合併する当事者となる会社の1社が存続して、その他の当事者となる会社は存続する会社に吸収されてしまう「吸収合併」（同条28号）の2種類がありますが、一般的には吸収合併が多く用いられます。吸収合併の方法が多く用いられるのは、日本においては、新設合併の場合には、それまで合併当事者が有していた許認可が消滅してしまうことや、新設会社の株式発行の事務などに手間がかかるといった観点からです。

#### (B) 吸収合併は組織法上の行為

合併は、事業譲渡と異なり、会社分割、株式交換、株式移転と同様に会社が組織再編にあたって活用する方法の1つとして会社法に法定されています。そのため、会社分割、株式交換、株式移転と同様に、会社法において契約・計画に定める事項、組織再編の効力、事前開示事項・事後開示事項、株式・新株予約権買取請求手続、債権者保護手続、労働者保護手続、効力発生日の変更手続等が詳細に規定されています。そのため、会社法の定める手続を適法に履践しなければ、有効な合併を実現することはできないので、注意が必要です。

## (C) 合併の特徴

 吸収合併は、組織法上の行為であるために、売り手の権利義務は買い手に包括的に移転し、債務の承継や契約上の地位の移転に売り手の債権者や売り手の契約の相手方の個別の同意は必要とされません。そのために債権者保護手続が法定されており、債権者に対して通知または公告のための期間が定められています（会社法810条）。また、吸収合併は、消滅会社の権利義務を包括的に承継するため、消滅会社に簿外債務や偶発債務があった場合には存続会社がそれを承継することになるといった特徴があります。詳細は下記「(3) 合併のメリット」「(4) 合併のデメリット」の項目で説明します。

## (D) 合併のイメージ

 ［図3-8-1］（吸収合併①（実行前））をご覧ください。A社（売り手）がB社（買い手）との間で合併のスキームでB社（買い手）によるA社（売

［図3-8-1］ 吸収合併①（実行前）

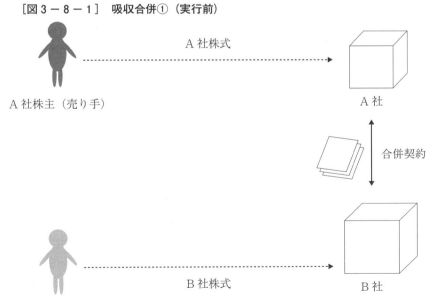

[図3－8－2] 吸収合併②（実行）

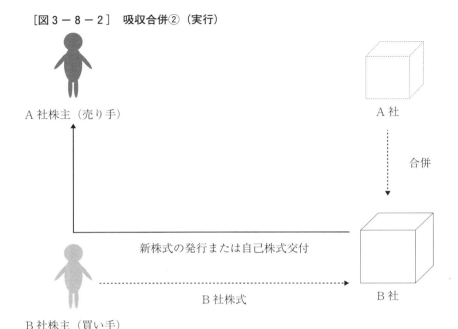

り手）の買収を行おうと検討し、A社とB社は「合併契約」を締結します。そして合併契約の内容に従って、[図3－8－2]（吸収合併②（実行））のように、A社が消滅し、B社に吸収され、その結果、[図3－8－3]（吸収合併③（実行後））のような状態に至るという流れで吸収合併が実現します。

### (2) 合併の手続

[図3－8－4]（吸収合併の手続）をご覧ください。合併の場合には、原則として株主総会の特別決議（出席株主の議決権の3分の2以上による決議。招集通知の発送は総会の1週間前または2週間前）が必要であり、また、事前備置書類の備え置き（総会の2週間前）、債権者保護手続（効力発生日から1カ月以上前に公告・催告）、株主等への通知・告知（効力発生日20日前）等が必要となるため、条件合意から約2カ月程度の時間を要することになります。

[図3-8-3] 吸収合併③（実行後）

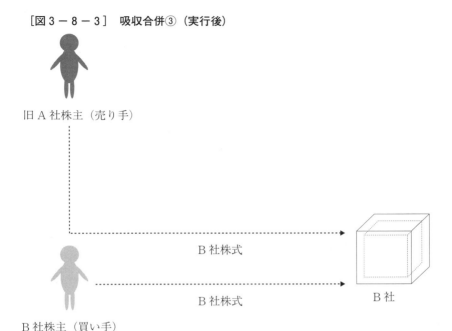

[図3-8-4]（吸収合併の手続）は取締役会設置会社である上場株式会社の場合を想定していますが、かなり大がかりな手続になることが理解できると思います。なお、「簡易合併」といって、吸収合併において、存続会社の規模に比べて消滅会社の規模が極めて小規模である場合、存続会社の株主総会の承認を省略できる合併も認められています（会社法796条3項）。この場合には、存続会社の株主に与える影響が軽微といえるからです。また、「略式合併」といって、特別支配関係にある会社間の合併で、被支配会社の株主総会の承認を省略できる合併も認められています。これは、被支配関係にある会社で株主総会を開催しても支配会社の意思どおりに議決されることが明らかなので、被支配会社の株主総会の承認を省略できるとされているものです（会社法784条1項、796条1項）。さらに、非上場の中小企業同士の合併の場合には、金融商品取引法等で要求されている「3　公正取引委員会・監督

## [図3-8-4] 吸収合併の手続

| | A社（消滅会社／売り手） | B社（存続会社／買い手） |
|---|---|---|
| 1 | 基本事項の合意 ||
| 2 | デューディリジェンス・合併比率の算定 ||
| 3 | 公正取引委員会・監督官庁への事前確認 ||
| 4 | 基本合意書の作成 ||
| 5 | 取締役会の承認 ||
| 6 | 基本合意書の調印 ||
| 7 | 臨時報告書の提出・適時開示・プレスリリース ||
| 8 | 金融機関・大株主・取引先・従業員等関係者への説明 ||
| 9 | 合併承認取締役会 | 合併承認取締役会 |
| 10 | 合併契約書の締結 ||
| 11 | 訂正臨時報告書の提出 ||
| 12 | 株主総会招集のための取締役会 | 株主総会招集のための取締役会 |
| 13 | 事前開示事項の本店備置き | 事前開示事項の本店備置き |
| 14 | 合併承認株主総会 | 合併承認株主総会 |
| 15 | 債権者異議申述公告および催告（1カ月以上）／株券提出公告および通知（1カ月以上）／新株予約権証券提出公告および催告（1カ月以上） | 公正取引委員会に対する合併届出と受理 | 債権者異議申述公告および催告（1カ月以上） |

| 16 | 株式買取請求の通知または公告（20日以上） | | 株式買取請求の通知または公告（20日以上） |
| --- | --- | --- | --- |
| | 新株予約権買取請求の通知または公告（20日以上） | | |
| | 登録株式質権者、登録新株予約権質権者に対する通知または公告（20日以上） | | |
| 17 | 合併期日（効力発生日） | | |
| 18 | 合併対価の交付 | | |
| 19 | 解散登記 | | 合併による変更の登記 |
| 20 | 事後開示事項の本店備置き（効力発生日から6カ月間） | | |
| 21 | 公正取引委員会への合併完了報告 | | |

官庁への事前確認」「7　臨時報告書の提出・適時開示・プレスリリース」「11　訂正臨時報告書の提出」「21　公正取引委員会への合併完了報告」といった手続は特に必要ないので、その分、手続は簡略化されますが、それ以外に会社法で要求されている手続は履践することが必要になります。

### (3) 合併のメリット

#### (A) 吸収合併の場合には会社の取引関係等をそのまま維持できる

吸収合併は、効力発生日において、B社（買い手／存続会社）がA社（売り手／消滅会社）の権利義務を承継する旨が法定されている組織上の行為です（会社法750条1項）。そのため、A社（売り手／消滅会社）の権利義務はB社（買い手／存続会社）に包括的に移転し、債務の承継や契約上の地位の移転にA社（売り手／消滅会社）の債権者や契約上の相手方の個別の同意を得

る必要はありません。このように、吸収合併は、すべての権利義務関係を包括的に承継する手続ですので、会社の取引関係や契約関係をそのまま維持することができ、スムーズな会社の承継が可能です。

### (B) 許認可がそのまま継続して利用できる場合がある

吸収合併は、効力発生日において、B社（買い手／存続会社）がA社（売り手／消滅会社）の権利義務を承継する旨が法定（会社法750条1項）されている組織上の行為ですので、吸収合併によって、B社（買い手／存続会社）はA社（売り手／消滅会社）のすべての権利義務関係を包括的に承継することができ、従前の会社の許認可についても、そのまま承継することができる場合があります。ただし、行政当局から個別の許可が必要な許認可もありますので、事前に確認することが不可欠です。

### (C) 対価を存続会社の株式とする場合には資金が不要である

吸収合併の場合には、事業譲渡や株式取得の場合と異なり、B社（買い手／存続会社）としては、合併の対価として、通常は、A社（売り手／消滅会社）の株主に対して、B社（買い手／存続会社）の株式を発行することになります。そのため、対価を支払うための資金を要することなく手続を進めることができます。もっとも、吸収合併の場合には、A社（売り手／消滅会社）の株主（社員）に対して、B社（買い手／存続会社）の株式（持ち分）以外の、金銭その他の財産を交付してもよいことになっています（会社法749条1項2号、751条1項2号）ので、必ずしも対価は株式（持ち分）には限られないので、留意してください。

### (D) 経営の効率化・シナジー効果

吸収合併を行うことによって、A社（売り手／消滅会社）はB社（買い手／存続会社）に吸収されて、同一の法人になります。そのため、法人としての規模が大きくなり、それに伴った影響が期待できます。たとえば、それまではA社（売り手／消滅会社）とB社（買い手／存続会社）が別々に存置させていた部署（特に総務部・経理部・人事部などの間接部門と言われる部署）を統

合したり、仕入れを一本化したりすることで、経営統合を行い、コストを削減することで経営の効率化を図りシナジーを実現することができます。また、規模が大きくなることで、採用において優秀な人材が集まりやすくなったり、金融機関や取引先からの信用も高まるなど、規模のメリットを享受することが期待できます。

(E) 営業権の償却や繰越欠損金の利用など

吸収合併の場合、A社（売り手／消滅会社）の株主が受け取る合併の対価が、承継した資産よりも大きくなる場合には、その差を営業権（のれん）として計上できる場合があり、これを償却することにより税務メリットが生じる場合があります。また、税制適格を満たした合併であれば、一方当事会社のこれまでの繰越欠損金を承継できる場合があり、その場合には、合併後の会社全体の利益に対して繰越欠損金が利用できる場合があります。

## (4) 合併のデメリット

### (A) 包括承継なので不要な事業も引き継がなければならない

前述したとおり、吸収合併は、効力発生日において、B社（買い手／存続会社）がA社（売り手／消滅会社）の権利義務を承継する旨が法定（会社法750条1項）されている組織上の行為ですので、吸収合併によって、B社（買い手／存続会社）はA社（売り手／消滅会社）のすべての権利義務関係を包括的に承継することになります。そのため、A社（売り手／消滅会社）の事業の中に、B社（買い手／存続会社）が不要だと感じている事業があったとしても、それも承継しなければなりません。

### (B) 簿外債務や偶発債務の直接的な影響を受ける

吸収合併によって、B社（買い手／存続会社）はA社（売り手／消滅会社）のすべての権利義務関係を包括的に承継することになりますが、このような包括承継は良い面だけではありません。会社を丸ごと引き継ぐことになるので、決算書上でに明らかになっていない負債（簿外債務）や法的な瑕疵や損

害賠償請求を受ける可能性（偶発債務）などのリスク要因を直接的に承継することになります。

### (C) 手続が煩雑で時間がかかる

吸収合併を行う場合には、会社法において契約・計画に定める事項、組織再編の効力、事前開示事項・事後開示事項、株式・新株予約権買取請求手続、債権者保護手続、効力発生日の変更手続等を適法に履践しなければなりません。そして、会社法の定めるこれらの債権者保護手続、事前・事後の開示手続等、手続は煩雑で、また、法定の期間制限もあるので、どうしても相応の時間がかかってしまいます。

### (D) 企業文化融合の問題

吸収合併は、それまで全く違った歴史と文化と組織を有していたA社（売り手／消滅会社）とB社（買い手／存続会社）が1つの法人になる手続です。そのため、合併の効力が発生した後に、それぞれの社風や組織体系、人事体系などを統合していく必要があります。しかし、このような両社の歴史や文化や組織の違いが、あつれきを生じさせ、予想していなかったマイナスの影響を生じさせる可能性があります。

### (E) 統合にかかる手間・暇・費用

吸収合併により、A社（売り手／消滅会社）の営んでいた事業と、B社（買い手／存続会社）の営んでいた事業を統合する必要があります。従業員の名刺や封筒といった細かいものから、事業で使用していたコンピュータシステムなどを統合するため、事業の規模にもよりますが相当な手間・暇・費用がかかる場合があります。特に中小企業の場合には規模がそれほど大きくなかったとしても、従業員や取引先との個別の人的関係が深く形成されている場合も多く、また人材も限られているので、実際の統合作業にかかる手間・暇・費用は相応のものがあると思われます。

### (F) 主要株主の持ち分比率低下

吸収合併の場合には、B社（買い手／存続会社）の株式（持ち分）がA社

（売り手／消滅会社）の株主に交付されるのが一般的ですので、その場合、B社（買い手／存続会社）の主要株主の全体に占める持株比率は低下します。そして、その結果が経営判断において重要な影響を及ぼす場合があります。合併においては、B社（買い手／存続会社）の側で、事前にどの程度の持株比率の低下にとどめるかを十分に検討したうえで、手続を進める必要があります。

### (G) 株式を対価とする場合のリスク

B社（買い手／存続会社）が非上場会社で、その株式を合併の対価とする場合、A社（売り手／消滅会社）の株主が取得する株式は流通性が低く、合併の後にせっかく取得した対価を資金化することが容易ではない場合があります。逆に、B社（買い手／存続会社）が上場会社である場合には、A社（売り手／消滅会社）の株主は、合併の対価として取得した株式の価値について、B社（買い手／存続会社）のその後の業績や資産の保有状況や事業の将来性などによって、市場価値に連動して、手元のB社（買い手／存続会社）の株式の価値が変動するため、価格変動リスクを負担することになります。

## おわりに～M&Aの活用で豊かな社会の実現を～

　M&Aはすべての企業にとって経営戦略上の重要かつ有力な手法の1つです。それにもかかわらず、中小企業の法務に関する分野ではM&Aの手法がしっかりと理解され、企業の成長や存続のために効果的に履践されてきたとはいえないように感じてきました。

　確かに、M&Aに関連する業務の中には、M&Aにかかわる紛争や、不幸なM&Aによって関係者が悲惨な状態に陥るような例もたくさんあります。また、M&Aを経験した経営者や関係者の誰しもが「M&Aを実行してよかった」と感じているわけではないという現状があります。

　このような状況が生じるのは、多くの経営者にとってM&Aは、企業経営者として一生に一度経験するかしないかのものであり、経験もなければ実績もないことがあげられます。このM&Aに対する経験と実績のなさがM&Aに対する誤解を招いています。そして、M&Aに対する正確な知識不足と相まって、企業経営者を不安にしています。

　そのため、本書ではM&Aに関連する業務の過程でよく耳にする誤解を取り除き、M&Aに対して正しい心掛けをもって、M&Aの各手法の特徴を正しく理解していただくために解説を進めてきました。M&Aへの誤解や不安を取り除き、また、M&Aにおける正しい心掛けと正しい知識のもとで取り組んでいただくことこそが、M&A絡みのトラブルや紛争を1つでも少なくすることにつながると確信しています。

　繰り返しになりますが、M&Aは大企業や上場企業だけのものではありません。むしろわが国の企業の大部分を占める中小企業にとっても活用すべき重要かつ有力な経営戦略の一手法です。本書の内容が、会社や事業の成長と存続に役立ちその会社や事業の活動の先に、笑顔あふれる明るい豊かな社会が実現していくことを願っています。

●事項索引●

【英数字】

CA　*92*
DCF 法　*84, 85*
EBO　*43*
FTAAP　*10*
IT デューディリジェンス　*118*
LOI　*104*
M&A　*3*
　——で開示される情報　*92*
　——に関連する法律　*13*
　——の相手の探し方　*89*
　——の方法　*38*
M&A 実行後の事務　*134*
MBO　*42*
MEBO　*43*
MOU　*104*
NDA　*92*
TOB　*153*
TPP　*10*

【あ行】

アドバイザー　*20*
　——からの報告　*78*
　——との契約関係の解消　*79*
　——の活動期間　*78*
　——の活動における費用負担　*77*
　——の債務不履行責任　*81*
　——の説明義務　*81*
アドバイザリー契約　*75*
アドバイザリーフィー　*76*
一定の範囲の業務　*75*
インカムアプローチ　*84*

　——の問題点　*85*
営業権　*87, 195*

【か行】

会社分割　*40, 179*
　——の手続　*182*
買い手のリスクヘッジ　*57*
外部協力者　*20, 65*
　——との間でのトラブル　*73*
　——の選定　*72*
　——の選定方法　*23*
外部専門家の報酬　*77*
合併　*188*
　——の手続　*190*
　——の方法　*188*
株券電子化　*155*
株券発行会社　*155*
株券不発行会社　*155*
株式移転　*173*
　——の手続　*174*
株式交換　*165*
　——の手続　*168*
株式交換契約　*166*
株式取得　*41*
　——の方法　*153*
株式譲渡　*39, 41, 153*
　——の手続　*154*
株主総会の特別決議　*152, 163, 174, 184, 190*
簡易合併　*191*
簡易株式交換　*168*
環境デューディリジェンス　*118*

完全合意　*132*
キーマン条項　*36*
危機時期　*27*
企業価値の算定方法　*83*
基本合意書　*104*
　──の法的拘束力の有無　*112*
吸収合併　*188*
吸収分割　*179*
競業避止義務　*130, 147, 148*
行政書士　*23*
業務委託契約　*75*
偶発債務　*157, 186, 196*
クロージングの前提条件　*131*
経営権　*38*
契約解消の場合のルール　*113*
契約上の地位の移転　*130*
契約の締結　*67*
公開買付規制　*158, 163*
公開買付け　*153*
公開買付手続　*171*
後継者不足　*6*
公認会計士　*21*
広報戦略　*33*
コストアプローチ　*83*
　──の問題点　*85*
コベナンツ条項　*127*
雇用契約の承継　*151*
コンサルティング契約　*75*
コンパクトシティ　*7*

【さ行】

債権者保護手続　*180, 189*
最終合意書　*121*
　──の締結日　*125*

財務デューディリジェンス　*117*
時価純資産額　*86*
時価純資産法　*83, 85*
事業　*143*
　──の全部譲渡　*152*
事業承継　*6*
事業譲渡　*39, 40, 143*
　──の実施日　*125*
　──の対価　*151*
　──の手続　*144*
事業デューディリジェンス　*116*
事情変更に基づく契約関係の解消
　　*129*
シナジー　*50*
司法書士　*22*
社会保険労務士　*22*
収益還元法　*84*
従業員の承継　*151*
従業員の引継ぎ　*108*
商号使用者の責任　*148*
少子化・高齢化　*6*
譲渡対価の決定　*125*
譲渡対価の支払日　*125*
譲渡対価の支払方法　*125*
譲渡人の競業避止義務　*147*
情報開示のルール　*108*
情報管理　*31*
　──の方法　*32*
情報の複製に対する対応　*98*
新株発行　*159*
　──の手続　*160*
　──の方法　*159*
新株発行差止請求　*163*
新株引受契約　*161*

人事デューディリジェンス　*118*
新設合併　*188*
新設分割　*179*
スキームの決定　*102*
スキームの選択　*102*
生産年齢人口　*7*
誠実交渉義務　*111*
成熟期　*26*
成長期　*25*
税理士　*21*
創業期　*24*

### 【た行】

チェンジ・オブ・コントロール条項　*157*
調査報告書　*118*
ディールブレーカー　*118*
ディスカウンテッド・キャッシュフロー法　*84, 85*
デューディリジェンス　*55, 115*
トラブル発生のポイント　*67*
取引契約　*40*
取引先の承継　*112*

### 【な行】

のれん　*87, 195*
ノンネームシート　*90*

### 【は行】

買収監査　*115*
秘密情報の人的範囲　*96*
秘密情報の物的範囲　*94*
秘密情報を開示する目的　*93*
秘密保持義務の管理体制　*97*

秘密保持義務を負う期間　*99*
秘密保持契約　*92*
秘密保持契約終了後の措置　*99*
秘密保持契約書の条項　*93*
秘密保持誓約書　*96*
表明保証条項　*123*
不動産デューディリジェンス　*118*
負のシナジー　*53*
弁護士　*22*
法務デューディリジェンス　*117*
簿外債務　*157, 186, 195*
簿価純資産法　*83, 85*

### 【ま行】

マーケットアプローチ　*84*
　——の問題点　*85*
魅力の棚卸し　*36*
魅力の磨上げ　*37*
名義株　*46*
持株会社　*173*
モニタリング　*141, 158*

### 【や行】

優先交渉権　*110*
有利発行　*163*

### 【ら行】

略式合併　*191*
略式株式交換　*168*
類似交渉の禁止　*110*
レプワラ　*123*
労働契約の承継　*184*
労働者保護手続　*180*

〔著者略歴〕

## 奥山 倫行（おくやま　のりゆき）

アンビシャス総合法律事務所・パートナー弁護士

（経歴）

| | |
|---|---|
| 1993年3月 | 北海道立札幌南高等学校卒業 |
| 1998年3月 | 慶應義塾大学法学部法律学科卒業 |
| 2001年3月 | 慶應義塾大学大学院法学研究科修士課程修了 |
| 2001年4月 | 最高裁判所司法研修所入所（55期） |
| 2002年10月 | 第二東京弁護士会登録 |
| | TMI総合法律事務所入所 |
| 2007年2月 | TMI総合法律事務所退所 |
| 2007年4月 | 札幌弁護士会登録 |
| | アンビシャス総合法律事務所設立 |

北海道ベンチャーキャピタル株式会社（旧　株式会社HVC）監査役、株式会社ディーセブン社外取締役、医療法人社団一心会理事、札幌商工会議所相談員、エコモット株式会社社外監査役

（重点取扱分野）

企業法務／知的財産権（商標法・不正競争防止法・著作権法）／事業再生／倒産／リスクマネジメント／不祥事対応／メディア／エンターテインメント／スポーツ／IT／その他各種紛争解決

（主要著書）

『弁護士に学ぶ！交渉のゴールデンルール』（2012年・民事法研究会）、『弁護士に学ぶ！債権回収のゴールデンルール』（2014年・民事法研究会）、『弁護士に学ぶ！クレーム対応のゴールデンルール』（2014年・民事法研究会）、『交通事故紛争処理の法理』（共著、2014年・ぎょうせい）、『はじめの1冊！ロックで学ぶリーガルマインド』（2014年・花伝社）、『創業者、経営者のための30分

でわかる出口戦略——事業承継・MBO・IPO・M&Aの備え方』（2015年・プレジデント社）ほか

## 成功する！ M&Aのゴールデンルール
―― 中小企業のための戦略と基礎知識

平成28年1月15日　第1刷発行

定価　本体2,300円＋税

著　　　者　奥山　倫行
発　　　行　株式会社　民事法研究会
印　　　刷　株式会社　太平印刷社

発 行 所　株式会社　民事法研究会
　　　　　〒150-0013　東京都渋谷区恵比寿3-7-16
　　　　　〔営業〕TEL 03(5798)7257　FAX 03(5798)7258
　　　　　〔編集〕TEL 03(5798)7277　FAX 03(5798)7278
　　　　　http://www.minjiho.com/　info@minjiho.com

落丁・乱丁はおとりかえします。　ISBN978-4-86556-063-3 C2032 ¥2300E
カバーデザイン　鈴木　弘

## 弁護士が教える実践的スキル！

交渉前から交渉場面を経てクローズへと、準備、会話、駆け引き等の「誰でも簡単に習得して、すぐに応用できるノウハウ」を、平易に解説した実践的手引書！

# 弁護士に学ぶ！
# 交渉のゴールデンルール
―読めば身に付く実践的スキル―

弁護士　奥山倫行　著　　　　　　（四六判・187頁・定価 本体1400円＋税）

中小企業や個人事業主が自らできる早く・確実な回収方法と予防方法を、豊富な図表を織り込み平易に解説した実践的手引書！

# 弁護士に学ぶ！
# 債権回収のゴールデンルール
―迅速かつ確実な実践的手法―

弁護士　奥山倫行　著　　　　　　（四六判・277頁・定価 本体1800円＋税）

クレーム対応にあたっての心構えから予防方法、社内・社外の体制構築、受付から調達・確認、実際の対応手法を、豊富な図を織り込み具体的に解説！

# 弁護士に学ぶ！
# クレーム対応のゴールデンルール
―ピンチをチャンスに変える実践的スキル―

弁護士　奥山倫行　著　　　　　　（四六判・232頁・定価 本体1600円＋税）

発行　民事法研究会

〒150-0013　東京都渋谷区恵比寿3-7-16
（営業）TEL 03-5798-7257　FAX 03-5798-7258
http://www.minjiho.com／info@minjiho.com

■ストーリーをとおして学ぶ中小企業事業承継の全体像！■

# Q&A 中小企業事業承継のすべて
――そのときあわてないための73問――

弁護士 福原哲晃 監修　中小企業事業承継・実務研究会 編

A5判・351頁・定価　本体3,000円＋税

## 本書の特色と狙い

▶弁護士、公認会計士、税理士、不動産鑑定士、司法書士、社会保険労務士が集結し、それぞれの専門分野をやさしく解説！

▶平成25年度の税制改革や経営承継円滑化法施行規則の一部改正に対応した最新の実務書！

▶第1部［事例編］では、「大阪で企業を経営する夢咲家」の事例をモデルに、中小企業の事業承継にかかわるあらゆる問題を網羅して解説！

▶第2部［Q&A］では、夢咲家の事例についてQ&A形式で問題の核心についての簡潔な解答とわかりやすい解説を掲載！

▶今から事業承継に取り組もうとされる企業経営者のみならず、弁護士、司法書士などの法律実務家にもお薦めの書！

## 本書の主要内容

第1部　事例編
第2部　Q&A
　第1章　法律関係
　　①経営の承継
　　②後継者の決定
　　③株式の承継（経営権の承継）
　　④社内体制の整備
　　⑤資産の承継
　第2章　不動産関係
　　①主となる建物
　　②遊休不動産
　　③自宅および貸家

第3章　登記関係
第4章　保険関係
第5章　税務関係
　①相続税の全体図
　②相続税の計算の仕組み
　③財産評価一般
　④贈与税
　⑤所得税
　⑥税制改正
　⑦事業承継税制
第3部　資料編

発行　民事法研究会

〒150-0013　東京都渋谷区恵比寿3-7-16
（営業）TEL. 03-5798-7257　FAX. 03-5798-7258
http://www.minjiho.com/　info@minjiho.com

■財務・法務双方の視点から実践的評価手法を丁寧に解説!■

# 事業再編のための企業価値評価の実務
―財務&法務デューディリジェンスの実践的手法―

四宮章夫 監修
(株)グラックス・アンド・アソシエイツ
弁護士法人　淀屋橋・山上合同　編

A5判・521頁・定価　本体4,500円+税

## 本書の特色と狙い

▶M&A、事業再編の場面において必須となる企業の価値を正確に算定する手法を、財務・法務の両面から豊富な図・表・書式を織り込み実践的に解説!
▶財務はフィナンシャルアドバイザーの視点から、法務はリーガルアドバイザーの立場から、実際の事例を基に、対象項目ごとに算定の視点と法務リスクの観点から丁寧に詳解!
▶メーカー、小売業・不動産デベロッパー、旅館・ホテルの各業態ごとに財務評価をそれぞれの特徴を踏まえて解説! また、三越伊勢丹、カネボウの事業再編のケースをモデルとして、現場でどのような企業価値評価がなされたのかを分析!
▶M&A、事業再編における税理士・公認会計士・コンサル等フィナンシャルアドバイザーおよび弁護士等リーガルアドバイザーが最初に手にとるべき必携の1冊!

## 本書の主要内容

**第1編** 事業再編における企業価値評価概論
　第1章　事業再編における企業価値評価の役割
　第2章　事業再編概論
　第3章　企業価値評価概論
　第4章　企業価値評価における法務リスク

**第2編** ケースにみる事業再編における企業価値評価の手法
　第1章　メーカーの企業価値評価
　第2章　小売業・不動産デベロッパーの企業価値評価
　第3章　ホテル業・旅館業の企業価値評価
　第4章　法務デューディリジェンス

**第3編** 事例にみるデューディリジェンス
　第1章　事例①――三越・伊勢丹ホールディングス
　第2章　事例②――カネボウ
　第3章　事例③――基本合意書・買収監査・最終合意

発行　民事法研究会

〒150-0013　東京都渋谷区恵比寿3-7-16
(営業) TEL. 03-5798-7257　FAX. 03-5798-7258
http://www.minjiho.com/　info@minjiho.com

## 事業再編シリーズ

手続の流れに沿って豊富な図表を織り込み具体的に解説をしつつ、適宜の箇所に必要な書式を収録した事業再編・会社再建のための実践的手引書！

---

● 分割行為詐害性をめぐる判例の分析、最新の実務動向に対応して改訂増補！

**2013年1月刊**

### 会社分割の理論・実務と書式〔第6版〕
――労働契約承継、会計・税務、登記・担保実務まで――

編集代表　今中利昭　編集　髙井伸夫・小田修司・内藤　卓

（Ａ５判・702頁・定価　本体5600円＋税）

---

● 事業再編計画の実行について実践的な解説を加筆し、経営戦略としての手続の活用方法を詳解！

**2011年4月刊**

### 会社合併の理論・実務と書式〔第2版〕
――労働問題、会計・税務、登記・担保実務まで――

編集代表　今中利昭　編集　辻川正人・山形康郎・赫　高規・竹内陽一・丸尾拓養・内藤　卓

（Ａ５判・608頁・定価　本体5100円＋税）

---

● 企業結合ガイドラインの改定等に対応させ、最新の判例・実務の動向を織り込み改訂！

**2011年8月刊**

### 事業譲渡の理論・実務と書式〔第2版〕
――労働問題、会計・税務、登記・担保実務まで――

編集代表　今中利昭　編集　山形康郎・赫　高規・竹内陽一・丸尾拓養・内藤　卓

（Ａ５判・303頁・定価　本体2800円＋税）

---

● 企業活動の効率化・活性化を図る知識とノウハウを豊富な書式を織り込み詳解！

**2012年6月刊**

### 株式交換・株式移転の理論・実務と書式
――労務、会計・税務、登記、独占禁止法まで――

編集代表　土岐敦司　編集　唐津恵一・志田至朗・辺見紀男・小畑良晴

（Ａ５判・354頁・定価　本体3300円＋税）

---

発行　民事法研究会　〒150-0013　東京都渋谷区恵比寿3-7-16
（営業）TEL03-5798-7257　FAX 03-5798-7258
http://www.minjiho.com/　info@minjiho.com